Stuart Warner

Segredos
de Finanças

Editora
Fundamento

Sobre o autor

Stuart Warner é bacharel, contador registrado e praticante da Programação Neurolinguística (PLN), com quase duas décadas de experiência em finanças. Dedicou grande parte de seu tempo à preparação de profissionais para provas de certificação e ao treinamento para desenvolvimento profissional de equipes em nível gerencial e executivo. É diretor da Financial Fluency Ltda. (www.financial-fluency.co.uk), além de conselheiro em um dos maiores institutos de contabilistas do Reino Unido. Oferece cursos tradicionais, *workshops* orientados, provas simuladas e treinamentos *on-line*, bem como *coaching* em finanças.

Segredos de Finanças

2012, Editora Fundamento Educacional Ltda.

Editor e edição de texto: Editora Fundamento
Arte da capa: Scrok.Com
Editoração eletrônica: Tricem – Comunicação e Design
CTP e impressão: SVP – Gráfica Pallotti
Tradução: Demberg.com Comunicação e Marketing Ltda. (Flavio Demberg)
Revisão Ténica 1: Rosa Maria Olivera Fontes
Revisão Técnica 2: Ramon Kael Benassi Bachmann

Publicado originalmente em inglês por HarperCollins *Publishers Ltd.*
Copyright © HarperCollins *Publishers* 2010
Tradução © 2010 Editora Fundamento. Traduzido sob licença de HarperCollins *Publishers Ltd.*
Os direitos autorais do autor são preservados.

Dados Internacionais de Catalogação na Publicação (CIP)
(Câmara Brasileira do Livro, SP, Brasil)

Warner, Stuart
 Segredos de Finanças / Stuart Warner [versão brasileira da editora] – 1. ed. – São Paulo, SP: Editora Fundamento Educacional Ltda., 2012.

 Título original: Business Secrets: Finance Basics

 1. Administração financeira 2. Empresas — Finanças I. Título.

11-11335 CDD-658.15

Índice para catálogo sistemático
1. Administração financeira: Empresas 658.15

Fundação Biblioteca Nacional

Depósito legal na Biblioteca Nacional, conforme Decreto nº 1.825, de dezembro de 1907.
Todos os direitos reservados no Brasil por Editora Fundamento Educacional Ltda.

Impresso no Brasil

Telefone: (41) 3015 9700
E-mail: info@editorafundamento.com.br
Site: www.editorafundamento.com.br

Este livro foi impresso em papel pólen soft 80 g/m² e a capa em cartão supremo alta alvura 250 g/m².

Sumário

Introdução 8

1 Apresentando as finanças empresariais 10
1.1 Conheça as diferentes entidades empresariais 12
1.2 Saiba como uma empresa obtém dinheiro 14
1.3 Saiba como uma empresa usa o dinheiro 16
1.4 Compreenda a necessidade de manter registros 18
1.5 Saiba o que faz o departamento financeiro 20
1.6 Entenda os principais sistemas financeiros 22
1.7 Diferencie contabilidade financeira de contabilidade gerencial 24

2 Fundamentos da contabilidade 26
2.1 Entenda os jargões 28
2.2 Saiba por que o tempo é essencial 30
2.3 Conheça o método das partidas dobradas 32
2.4 Veja como funcionam os sistemas contábeis 34
2.5 Entenda o balanço 36
2.6 Entenda a demonstração do resultado do exercício (DRE) 38
2.7 Entenda a demonstração dos fluxos de caixa 40
2.8 Fique atento aos custos não financeiros 42
2.9 Conheça a regulamentação contábil 44
2.10 Saiba quem usa as demonstrações financeiras 46

3 Gerando lucro — **48**
3.1 Compreenda que nem todos os "custos" são iguais — 50
3.2 Saiba o que quer dizer "lucro" — 52
3.3 Diferencie *mark-up* (percentual sobre custos) de margem — 54
3.4 Considere o impacto do desconto — 56
3.5 Preveja os custos, o volume e o lucro — 58
3.6 Saiba quando usar a análise CVL — 60
3.7 Saiba como gerenciar a lucratividade — 62
3.8 Cuidado com os impostos — 64

4 Gerenciando o caixa — **66**
4.1 Entenda por que o caixa é fundamental — 68
4.2 Evite a armadilha do excesso de atividade — 70
4.3 Entenda o ciclo de caixa — 72
4.4 Calcule o ciclo de caixa — 74
4.5 Melhore o fluxo de caixa — Parte 1 — 76
4.6 Melhore o fluxo de caixa — Parte 2 — 78
4.7 Cobre as dívidas de seus clientes — 80
4.8 Faça previsões regulares de fluxo de caixa — 82

5 Preparando orçamentos — **84**
5.1 Entendendo orçamentos — 86
5.2 Siga as etapas de preparação de orçamentos — 88

5.3 Escolha a melhor maneira de fazer
um orçamento 90
5.4 Entenda o orçamento participativo 92
5.5 Calcule as variâncias do orçamento 94
5.6 Monitore os orçamentos de maneira efetiva 96

6 Avaliando oportunidades de negócios 98
6.1 Concentre-se nos custos relevantes 100
6.2 Avalie se uma oportunidade oferece retorno 102
6.3 Calcule o retorno sobre o investimento 104
6.4 Entenda o valor do dinheiro no tempo 106
6.5 Use VPL e TIR para avaliar investimentos 108

7 Medindo o desempenho da empresa 110
7.1 Avalie a empresa usando indicadores 112
7.2 Mensure a lucratividade 114
7.3 Mensure a solvência de curto prazo
e a liquidez 116
7.4 Mensure a solvência de longo prazo
e a estabilidade 118
7.5 Calcule os índices do investidor 120
7.6 Estime o valor da empresa 122

Índice de jargões 124
Sugestões de leitura 126

Conhecimento financeiro é fundamental para o sucesso do negócio

Muitos empresários, profissionais e executivos, que podem ser especialistas em suas áreas, são às vezes menos confiantes quando se trata de finanças. Em geral, isso não tem justificativa e pode ser facilmente superado. No mundo dos negócios, a capacidade de entender e de falar sobre finanças é essencial.

Tenho quase duas décadas de experiência com finanças. Passei boa parte desse tempo ensinando outras pessoas. Desde o começo, descobri que aprender esse assunto era parecido com aprender um idioma. Um de meus professores disse-me uma vez: "Não são os números... o que você acha complicado é a linguagem!" – e minha experiência prova que isso certamente é verdade. Em geral, os contadores usam vários nomes para a mesma coisa. Quando possível, procurei explicar aqui os termos financeiros ao apresentá-los. O "Índice de jargões" no fim do livro também deverá ajudá-lo a entender um pouco da terminologia financeira.

Neste livro, separei 50 **segredos** que o ajudarão a entender as finanças básicas. Dividi os **segredos** em sete capítulos, que cobrem sete áreas essenciais que todo empresário deve conhecer:

Apresentando as finanças empresariais. Empresários, gerentes e funcionários precisam ter um nível básico de conhecimento financeiro para ajudar a empresa a ser bem-sucedida.

Fundamentos da contabilidade. Aprenda os conceitos e a terminologia básica de finanças. Familiarize-se com as principais demonstrações financeiras produzidas na empresa.

Gerando lucro. O lucro é a razão de ser da maioria das empresas. Saber como gerar e aumentar o lucro é um dos principais ingredientes de sucesso das empresas.

Gerenciando o caixa. "O lucro é a razão de ser, mas o dinheiro é a realidade." Sem dinheiro, uma empresa não pode sobreviver por muito tempo. O gerenciamento eficiente do caixa ajuda a empresa a perdurar.

Preparando orçamentos. Muitas empresas dedicam bastante tempo para montar orçamentos, mas poucas os fazem com êxito. Algumas dicas práticas podem facilitar o processo.

Avaliando oportunidades de negócios. As empresas devem usar técnicas consagradas para ajudá-las a decidir se devem ou não investir tempo, recursos e dinheiro em oportunidades de negócios.

Medindo o desempenho do negócio. Uma empresa bem-sucedida pode ser avaliada por seu valor de mercado. Seu desempenho pode ser medido através de índices financeiros.

De estudantes interessados em finanças empresariais a executivos que queiram saber mais, este livro pode ajudar a todos na compreensão das finanças básicas. Também poderá ajudá-lo em suas futuras atividades empresariais.

O conhecimento financeiro não é só para contadores – é para todos!

Capítulo 1

Apresentando as finanças empresariais

Empresários, gerentes e funcionários precisam conhecer as consequências financeiras do funcionamento de sua empresa. Neste capítulo, apresentarei os diferentes tipos de entidades empresariais. Mostrarei como uma empresa obtém dinheiro e como o usa. Você compreenderá a necessidade de manter registros, analisar e compilar as transações comerciais. Também explicarei a diferença entre contabilidade financeira e contabilidade gerencial.

1.1

Conheça as diferentes entidades empresariais

Um ponto de partida interessante para entender as finanças empresariais é conhecer as diferentes maneiras de fazer negócios. Há três principais tipos: como empresário individual, como sociedade simples e como sociedade limitada. Cada uma oferece vantagens e desvantagens no que diz respeito a questões legais, tributação e responsabilidade pessoal dos sócios.

1 **Empresário individual.** Empresário individual é a atividade empresarial com um só dono, que possui responsabilidade pessoal ilimitada. Se o negócio se tornar insolvente, o dono responde pessoalmente por quaisquer dívidas contraídas. Eis alguns exemplos: pequenos comércios, profissionais técnicos (eletricistas, etc.), cabeleireiros, floristas.

2 **Sociedade simples.** Uma sociedade simples é um negócio com vários associados, que dividem os lucros ou os prejuízos. Os associados podem assumir responsabilidade pessoal ilimitada ou responsabilidade limitada. Exemplos: médicos, dentistas, advogados, contadores.

"Uma amizade baseada nos negócios é melhor que um negócio baseado na amizade." **John D. Rockefeller, industrial**

3 **Sociedade limitada.** Uma sociedade limitada é um negócio constituído legalmente. Seus sócios são cotistas que têm o benefício da responsabilidade limitada. Se o negócio se tornar insolvente, os sócios serão responsáveis somente até o valor que investiram na empresa. A responsabilidade limitada é a principal vantagem em transformar um negócio em sociedade limitada e pode ajudar a atrair potenciais investidores. Na prática, entretanto, os bancos podem exigir garantias pessoais dos sócios de pequenas empresas para a concessão de empréstimos ou de cheque especial. Há ainda maior carga administrativa e financeira em comparação com a atividade do empresário individual.

Uma empresa limitada é de capital fechado, geralmente com pequeno número de sócios. No Brasil e em outros países, o nome das empresas limitadas termina com a palavra "Limitada" ou a abreviação "Ltda." Em geral, os diretores de uma empresa limitada também são os sócios majoritários. As empresas de capital aberto, não enquadradas como limitadas, são geralmente bem maiores que as empresas de capital fechado. Suas ações podem ser vendidas e compradas em bolsa de valores. No Brasil, o nome de empresas de capital aberto termina com a abreviação S.A. – ou Sociedade Anônima.

Este livro pretende ser útil para todos os tipos de entidades empresariais, em especial para as sociedades limitadas.

A responsabilidade limitada é a principal vantagem das sociedades limitadas.

1.2

Saiba como uma empresa obtém dinheiro

A maioria das empresas precisa de dinheiro para iniciar suas atividades. A capacidade de captar recursos é essencial para o sucesso inicial e subsequente de um negócio. A falta de capital é uma das principais causas de fracasso das empresas.

Imagine que você esteja começando um negócio que exija $ 1 milhão como investimento inicial. Digamos que este dinheiro custeará as instalações, um veículo, computadores e mercadorias para venda. Se você não possui $ 1 milhão, como pode obter esse capital?

Grande parte dos empreendedores investe o próprio dinheiro para iniciar o negócio. Esse capital passa a ser chamado de "capital social" e, nas sociedades limitadas, os donos são chamados de "sócios".

Se houver necessidade de mais dinheiro, há três maneiras básicas de obtê-lo:

1 **Aumente a participação societária.** Solicite aos sócios atuais mais recursos ou procure investidores que desejem se tornar coproprietários/sócios do negócio e contribuam para o capital social. Como esses investidores se tornarão coproprietários da empresa, eles terão voz na administração do negócio. Também esperarão retornos sobre seu investimento, na forma de dividendos.

"Jamais gaste seu dinheiro antes de tê-lo ganho."

Thomas Jefferson, presidente norte-americano, século 19

2 **Tome empréstimos.** Em geral, de um banco ou de familiares e amigos. Isso é chamado de "capital de terceiros" ou "capital de empréstimos". É uma opção comum para empresários que não desejam compartilhar a propriedade de seu negócio. O capital social não precisa ser reembolsado e a distribuição de lucros para os sócios é discricionária. O capital de terceiros, por outro lado, precisa ser reembolsado e sobre ele haverá o custo dos juros.

---

3 **Use a sobra de caixa gerada nas atividades operacionais.** Para obter mais informações sobre esse ponto, veja o Segredo 4.5. A sobra de caixa não deve ter sido distribuída aos sócios ou ter sido comprometida em outros setores do negócio.

Há muitas outras fontes de obtenção de recursos para uma empresa. Entre elas estão o *leasing* de ativos (em vez da aquisição direta), os subsídios do governo e até patrocínios. A leitura das demonstrações financeiras de uma empresa deverá revelar como ela obteve seus recursos (Segredo 2.5).

Uma estratégia financeira bem-sucedida é tão importante quanto uma estratégia de negócio de sucesso.

1.3

Saiba como uma empresa usa o dinheiro

Se a primeira coisa que uma empresa faz é levantar capital, o passo seguinte é usá-lo, em geral na compra de ativos. Esses são os recursos de propriedade da empresa ou por ela controlados e são usados para gerar dinheiro. Genericamente, os ativos são os investimentos feitos pela empresa. Tanto os ativos de curto prazo como os de longo prazo são essenciais para a maioria dos negócios.

Há quatro categorias principais de ativos, a saber:

1 **Ativo fixo.** O termo "ativo fixo" refere-se aos ativos que sejam um item "fixo" em uma empresa, em geral por mais de um ano (sendo, portanto, ativos de longo prazo). Os ativos fixos também são chamados de "imobilizados" e, às vezes, de "ativos não circulantes". Eles são de uso contínuo no negócio, essencialmente para gerar dinheiro. Há vários tipos de ativos fixos nas empresas. Os mais comuns são terrenos, edifícios, maquinário, móveis e utensílios, equipamentos, computadores e veículos.

2 **Ativo intangível.** Os ativos intangíveis também são ativos não circulantes. Trata-se de direitos e de recursos não físicos, de propriedade da empresa, que trazem vantagem competitiva ou agregam valor ao negócio. Entre os exemplos de ativos intangíveis estão as marcas, as marcas registradas e as patentes.

3 **Investimentos.** Muitas empresas aplicam seu dinheiro em investimentos que pretendem "guardar" para o futuro e que, portanto, são também ativos não circulantes. Os investimentos compreendem ativos como participações em outras empresas e propriedades para investimento (com objetivo de obtenção de rendas, como aluguel, ou para valorização de capital).

4 **Ativo circulante.** O termo "ativo circulante" refere-se aos ativos que podem ser utilizados no curto prazo, geralmente em menos de um ano. Trata-se dos ativos que são comercializados, como o estoque; ou, por sua liquidez, o dinheiro em caixa. Valores devidos por clientes também são geralmente um ativo circulante, já que na maioria das vezes são um "benefício futuro" a ser recebido no curto prazo. O cliente pagará em dinheiro ou com outro ativo no futuro. O valor devido por clientes é também chamado de "clientes", "contas a receber", "duplicatas a receber" ou simplesmente "recebíveis".

A leitura das demonstrações financeiras de uma empresa deverá revelar como ela usou os recursos (Segredo 2.5).

Investir o dinheiro tanto em ativos de curto prazo como nos de longo prazo é essencial para a maioria das empresas.

1.4

Compreenda a necessidade de manter registros

As empresas bem-sucedidas sabem que manter registros acurados não só é essencial para a contabilidade como também fornece informações que podem ser fundamentais para obtenção ou manutenção de uma vantagem competitiva.

■ **Contabilidade e escrituração.** O termo "contabilidade" pode ser definido como o fornecimento de informações econômicas e financeiras acerca do patrimônio e dos resultados de um negócio em um período de tempo. Uma empresa tem de "prestar contas" do que fez e a contabilidade é o processo de registrar, analisar e compilar as transações comerciais, entre outras atribuições. O termo "escrituração" geralmente se refere somente ao registro das transações.

■ **Entidade legal separada.** Um princípio fundamental da contabilidade é o de que a empresa é uma entidade separada de seu

> **Estudo de caso** – Antônio possui uma empresa de serviços de informática e compreende as vantagens de registrar, analisar e compilar todas as transações comerciais. A lista a seguir mostra as informações sobre os clientes que Antônio considera interessante registrar. São espécies de dados que milhões de outras empresas em todo o mundo também reúnem sobre seus clientes:

dono. Para as sociedades "limitadas", o conceito de entidade separada é uma distinção legal. Desse modo, as transações empresariais nunca devem se confundir com as transações pessoais dos sócios, o que também não deve ocorrer em relação a outras entidades empresariais. Além disso, há a exigência legal de manutenção de registros contábeis adequados.

■ **Contabilidade gerencial e financeira.** Uma vez registradas as transações, é necessário que sejam analisadas e compiladas. A "contabilidade gerencial" é o uso desses dados no ambiente da empresa para fins de gerenciamento das informações, de planejamento, de controle e para a tomada de decisões. A "contabilidade financeira" consiste no uso desses dados para informar os resultados financeiros e a situação mais recente da empresa aos *stakeholders* ou interessados nessas informações, com diferentes finalidades. Veja o Segredo 1.7 para obter mais detalhes sobre as diferenças entre a contabilidade gerencial e a contabilidade financeira. Veja o Segredo 2.9 para saber mais sobre os usuários dos relatórios (*stakeholders*).

■ **Usuários de informações financeiras.** Todos os usuários de informações financeiras exigem informações de qualidade que sejam ao mesmo tempo relevantes e confiáveis. Portanto, é essencial que as transações que fundamentam essas informações sejam registradas, analisadas e compiladas adequadamente.

Manter registros acurados das transações comerciais é importante por várias razões.

- ■ Dados de contato
- ■ Histórico das vendas
- ■ Projeção de vendas
- ■ Classificação de crédito
- ■ Valores devidos
- ■ Custos de distribuição
- ■ Descontos concedidos

1.5

Saiba o que faz o departamento financeiro

Um departamento financeiro gerencia as operações financeiras da empresa e fornece informações e orientações a outros departamentos. Todas as áreas da empresa têm algum contato com o departamento financeiro. É importante entender como funciona um departamento financeiro típico e o papel de cada pessoa que nele trabalha.

As quatro responsabilidades principais de um departamento financeiro são:

- Assegurar que a empresa tenha dinheiro suficiente.
- Registrar e controlar as transações da empresa.
- Fornecer informações internamente aos gerentes, a fim de auxiliá-los no planejamento, na tomada de decisões e nos controles.
- Fornecer informações externamente a públicos de interesse, como acionistas e fiscais de renda.

■ O diretor financeiro. Em geral, o departamento financeiro é chefiado por um diretor financeiro ou *Chief Financial Officer* (CFO), que, como membro da direção, é responsável pela "estratégia financeira e de investimentos", certificando-se de que esta apoia a "estratégia empresarial".

*"*Meu dinheiro vai para o meu agente. Em seguida, para o contador. E dele para o cobrador de impostos.*"* **Glenda Jackson, atriz inglesa**

O diretor financeiro também gerencia o departamento financeiro, que pode incluir as seguintes funções, conforme o tamanho e a complexidade do negócio:

■ **Gerente financeiro.** Tem a responsabilidade de registrar, analisar e compilar as transações financeiras. Mais especificamente, o gerente financeiro produzirá as demonstrações financeiras. Ele pode gerenciar várias equipes de contadores, que cuidam de áreas como a emissão de faturas, cobrança, compras, contas a pagar, folha de pagamento, ativos fixos, tributação.

■ **Contador gerencial (controller).** Auxilia a diretoria no planejamento, na tomada de decisões e nos controles. O *controller* prepara relatórios regulares e sob demanda (ad-hoc). Um desses relatórios é o de "indicadores de desempenho", que apresenta a avaliação do desempenho dos funcionários, dos departamentos e de outras áreas críticas da empresa. Em particular, o *controller* gerencia o processo orçamentário.

Tesoureiro. Presente nas grandes empresas, o tesoureiro tem a responsabilidade pelo financiamento da empresa e pela implementação da estratégia financeira e de investimentos. Especificamente, o tesoureiro lida com os bancos, com o fluxo de caixa e com as atividades de câmbio.

O departamento financeiro é uma área fundamental para o sucesso do negócio.

1.6

Entenda os principais sistemas financeiros

Qualquer que seja seu tamanho, as empresas precisam de sistemas financeiros para registrar e controlar as transações comerciais, especialmente a origem e as destinações do dinheiro. Os controles devem prevenir, detectar e possibilitar a correção de erros, bem como minimizar o risco de fraudes. São necessários sistemas de controle para vendas, compras, folha de pagamento e, principalmente, para as transações de caixa.

■ **Vendas a crédito.** Deve haver vínculo claro entre os limites de crédito, os pedidos, os itens em estoque, a entrega, o faturamento e a cobrança de débitos. Os documentos comprobatórios devem ser conferidos em cada estágio, de modo que os clientes recebam o que compraram, sejam faturados corretamente e, por fim, efetuem o pagamento. O sistema deve manter controle do que é devido por cada cliente e de quando é esperado o pagamento.

■ **Vendas à vista.** As vendas à vista seguem os mesmos sistemas e controles, com o pagamento à vista sendo registrado contra a emissão da fatura.

■ **Transações do caixa.** Embora o termo "caixa" seja muito usado em finanças, poucas empresas realmente manuseiam dinheiro. Até os varejistas recebem pagamentos de grande parte de sua clientela por meio de cartões de débito ou crédito. Para muitas empresas, o dinheiro em espécie será somente aquele para pequenas despesas. Entretanto, onde quer que haja movimentação de dinheiro, deverá haver rígidos controles e vínculos com os documentos de autorização e comprovação.

■ **Aquisição de bens para revenda e gerenciamento do estoque.** Deverão ser feitos controles rígidos sobre as compras, incluindo vínculos claros com os pedidos autorizados e verificação de que os bens ou serviços foram realmente recebidos, antes que qualquer pagamento seja autorizado. Também deverá haver vínculo com um sistema de gerenciamento de estoques, se for o caso, e controles adicionais de que as compras foram feitas de fornecedores aprovados e pelos preços negociados. Os sistemas de compras devem monitorar a data de vencimento dos pagamentos, a fim de que a empresa possa se beneficiar do crédito oferecido pelo fornecedor.

■ **Despesas e dispêndios de capital.** Os mesmos sistemas e controles são usados para despesas como aluguel e serviços públicos. Altos dispêndios para a aquisição de ativos fixos devem ter controles adicionais de autorização.

■ **Folha de pagamento.** Em geral, é a maior e a mais frequente despesa e deve possuir controles rígidos e segregação de obrigações. Deve haver vínculos com os registros de pessoal, de salários negociados e, quando necessário, os registros de horas trabalhadas. Como controle adicional, o sistema de folha de pagamento muitas vezes fica separado de outros sistemas.

Você deve registrar e controlar as transações comerciais, mantendo-as vinculadas aos documentos de autorização e comprovação.

1.7

Diferencie contabilidade gerencial de contabilidade financeira

Há diferentes tipos de informações e relatórios contábeis produzidos pelo departamento financeiro, que geralmente compõem duas categorias: a contabilidade financeira ou contabilidade para usuários externos e a contabilidade gerencial ou contabilidade para usuários internos.

Relatórios financeiros

- **Finalidade.** Os relatórios contábeis são usados para demonstrar os resultados econômicos e financeiros da empresa, além da situação patrimonial. São produzidos pelo menos uma vez por ano, em geral para usuários externos, como os acionistas.
- **Foco.** Os resultados financeiros históricos da empresa.
- **Escopo.** Os resultados e posição econômicos e financeiros de toda a empresa.
- **Periodicidade.** Pelo menos uma vez por ano, embora algumas empresas produzam relatórios contábeis "provisórios" a cada seis meses.
- **Exigência.** Os relatórios financeiros são uma exigência legal para empresas registradas.
- **Formato.** Existem padrões para os registros contábeis, que determinam o formato e conteúdo dos relatórios.
- **Precisão.** Os relatórios contábeis devem exibir uma situação "verdadeira e real". Para fins práticos, isso significa que devem ser

tão precisos quanto possível, sem equívocos. A "precisão" dependerá do tamanho da empresa.

Relatórios gerenciais

■ **Finalidade.** Os relatórios gerenciais são internos à empresa e fornecem informações financeiras e não financeiras, auxiliando os gerentes na tomada de decisões fundamentadas. Em geral, são considerados confidenciais e não são liberados para uso fora da empresa.

■ **Foco.** Utilizam informações atuais e históricas, além de projeções para a tomada de decisões sobre o futuro.

■ **Escopo.** Podem abordar produtos, clientes, departamentos, divisões ou toda a empresa.

■ **Periodicidade.** Produzidos sempre que necessário – em geral, pelo menos uma vez por mês.

■ **Exigência.** Não há exigência legal para os relatórios gerenciais. Contudo, na prática alguns investidores externos, como bancos, podem exigir relatórios gerenciais regulares como condição para liberação de financiamentos.

■ **Formato.** Não existem formatos padronizados ou regras para os relatórios gerenciais. Todavia, algumas técnicas estabelecidas são usadas, como o cálculo das margens de lucro e de outros índices econômico-financeiros.

■ **Precisão.** Os relatórios gerenciais devem ter o máximo de precisão possível, já que são usados para subsidiar decisões críticas de negócios. Ao mesmo tempo, uma vez que são usados para previsões sobre cenários incertos, podem incluir estimativas.

Os relatórios contábeis para usuários externos registram dados históricos. Os relatórios gerenciais ajudam os gestores na tomada de decisões críticas.

Capítulo 2
Fundamentos da contabilidade

Você deve aprender a andar antes de conseguir correr. Este capítulo explica os fundamentos básicos da contabilidade, conhecimento essencial para os negócios. O primeiro passo é entender a linguagem das finanças, usada pelos contadores. A contabilidade é famosa por seu jargão, por isso começarei o capítulo explicando alguns dos termos mais usados. Em seguida, passarei para alguns conceitos básicos de finanças.

2.1

Entenda os jargões

Quem está começando em finanças pode levar algum tempo para se acostumar à terminologia usada pelos contadores. Eis alguns dos termos mais usados. Consulte também o "Índice de jargões", no fim do livro.

Demonstrações contábeis e princípios da contabilidade

- **Demonstrações contábeis.** A coleção de relatórios contábeis formais das atividades de uma empresa (a saber: balanço patrimonial, demonstração do resultado do exercício, demonstração das mutações do patrimônio líquido, demonstração do resultado abrangente, demonstração do valor adicionado e demonstração dos fluxos de caixa).
- **Competência.** Os custos e despesas são contabilizados quando efetuados (despesas ou custos incorridos) independente de seu pagamento; as receitas, quando auferidas, independente de seu recebimento.
- **Continuidade.** Suposição de que o negócio continuará em atividade no futuro próximo, o que fornece a base para a avaliação do patrimônio da empresa e utilização do regime de competência.
- **Prudência.** Receitas e lucros devem ser reconhecidos somente quando sua realização é certa. De modo oposto, as obrigações devem ser consideradas assim que forem previstas.
- **Materialidade.** Valor acima do qual a omissão ou declaração errada sobre um item afetaria a percepção de um usuário dos relatórios financeiros.

"As pessoas querem aprender finanças porque querem saber do que os contadores estão falando." **Anônimo**

Receita, capital e ativos

- **Ativo.** Um item de valor de propriedade da empresa ou controlado por ela e que gerará benefícios econômicos futuros. Exemplos: imóveis e estoque.
- **Dispêndio de capital.** Dispêndios para aquisição ou aperfeiçoamento de ativos de longo prazo ou não circulantes, tais como imóveis e equipamentos.
- **Despesa.** Despesas incorridas para as atividades da empresa que não aumentam o valor dos ativos de longo prazo ou não circulantes.
- **Recebíveis (Clientes).** Valores devidos por clientes para pagamento a crédito.
- **Pagamento antecipado.** Pagamento de bens e serviços antes de recebê-los. Exemplos: pagamento antecipado de seguros ou aluguéis.

Obrigações

- **Obrigação.** Dinheiro devido pela empresa. Uma obrigação de transferir benefícios econômicos futuros. Exemplos: empréstimos e contas a pagar.
- **Contas a pagar (Fornecedores).** Valores devidos a fornecedores que ofereceram crédito.
- **Consignações.** Bens e serviços recebidos ainda não faturados pelo fornecedor. Exemplos: certos bens para revenda e contas de serviços públicos.
- **Provisão.** Valor reservado para uma obrigação reconhecida, cujo montante e momento não podem ser precisamente determinados. Exemplo: custos de reestruturação.
- **Obrigação contingente.** Uma obrigação em que o valor e/ou a probabilidade de pagamento são incertos. Desse modo, nenhuma provisão específica é feita.

Conheça os termos financeiros básicos.

2.2

Saiba por que o tempo é essencial

O momento dos recebimentos e pagamentos em dinheiro, na imensa maioria dos casos, não é o mesmo que o das vendas e das compras registradas nas demonstrações contábeis. Assim, ao final de um período contábil, a empresa deve ter certeza de que tudo foi contabilizado em seu momento apropriado.

■ A importância do tempo. Imagine que você esteja fazendo compras em janeiro e use o seu cartão de crédito para isso. Embora você tenha efetivamente "gasto" dinheiro (ou "incorrido" em uma despesa) em janeiro, você só pagará pela compra quando pagar a fatura de seu cartão de crédito, talvez em fevereiro. Portanto, o custo financeiro da compra em janeiro é zero.

> **Estudo de caso** – André, um vendedor, diria que efetua uma venda quando o cliente faz o pedido. Helena, uma advogada, diria que faz uma venda quando seu cliente assina o contrato. Outros diriam que a venda se dá quando a mercadoria é entregue, o serviço é executado ou o cliente faz o pagamento. Entretanto, pelo conceito de competência, Bernardo, o contador que trabalha para André, Helena e outras empresas, só

Agora, usando um exemplo empresarial: imagine uma venda a crédito feita em março e que o cliente pagará em dinheiro em abril. Embora a empresa tenha efetivamente "realizado" uma venda em março, o recebimento financeiro desse cliente em março é zero.

Esses exemplos ilustram a importância do tempo na contabilidade. As despesas podem ocorrer em um momento e os pagamentos associados em outro diferente. Do mesmo modo, as receitas podem ser auferidas em momentos diferentes de seus recebimentos.

■ **O conceito de competência.** As demonstrações contábeis "associam" receitas e despesas aos períodos em que elas foram auferidas ou efetuadas, a fim de exibir uma situação verdadeira e real aos usuários das demonstrações. Trata-se de um conceito contábil fundamental usado pela maioria das empresas.

■ **As vantagens.** Associar receitas e despesas aos períodos em que foram auferidas ou efetuadas, é possível mensurar o desempenho de modo mais preciso e real, o que leva a um gerenciamento mais eficiente da empresa. Entretanto o momento dos recebimentos e pagamentos também é importante e as empresas irão monitorá-lo em separado.

As despesas são contabilizadas quando efetuadas e as receitas, quando auferidas; não quando pagas ou recebidas financeiramente.

reconhece uma venda quando ela é "auferida". Do mesmo modo, Bernardo reconhece uma compra feita por André ou Helena somente quando seus fornecedores "auferem" a receita e não quando um pedido é feito, um contrato é assinado, a mercadoria é recebida ou o pagamento é feito. Reconhecer uma receita ou despesa é um trabalho complexo para Bernardo.

2.3

Conheça o método das partidas dobradas

Os contadores usam um sistema estabelecido de registro das transações financeiras, chamado método das partidas dobradas. Esse sistema, usado mundialmente, pouco mudou desde sua criação, em 1494, pelo sábio renascentista Luca Pacioli.

O princípio de Pacioli é o de que toda transação gera um efeito duplo. Por exemplo, se você foi pago por um trabalho, o primeiro efeito é que você recebeu uma receita e o segundo é que agora você tem mais dinheiro. Se você sai para comprar roupas, o primeiro efeito é que você terá mais roupas; o segundo, menos interessante, é que você terá menos dinheiro ou uma obrigação de pagamento futuro.

Estudo de caso – Cuidado para não confundir as palavras "débito" e "crédito". Para Bernardo e outros contadores, um "débito" representa um ativo e um "crédito", uma obrigação. Um "débito" aumentará o valor de um ativo, um "crédito" reduzirá seu valor. Por exemplo, um depósito bancário, que aumenta o caixa (e, portanto, é um ativo), é um débito. Do mesmo modo, o pagamento de uma taxa bancária, que reduz o caixa, é um crédito. Para os bancos, dá-se o inverso.

"Nunca diga a um contador que ele é um crédito para a profissão dele; um bom contador é um débito para a sua profissão."

Sir Charles Lyell, advogado e geólogo britânico

Assim, quando uma empresa faz uma compra à vista, ela (I) incorre em um gasto e (II) reduz seu caixa. Da mesma forma, quando vende algo à vista, ela (I) aufere mais receita e (II) aumenta seu caixa. O sistema é chamado de método das partidas dobradas porque cada transação é, de fato, registrada duas vezes.

■ **Débitos e créditos.** Os dois efeitos iguais e correspondentes (registros) de cada transação são chamados de "débito" e "crédito". Como a regra é aplicada consistentemente, ao valor total de débitos corresponderá sempre ao valor total de créditos. Desse modo, as contas estarão sempre em equilíbrio.

Não se preocupe se isso lhe parecer confuso. O método de partidas dobradas é quase invisível para os donos de empresas e é algo que está na prática dos contadores.

Cada transação tem um débito e um crédito, correspondentes e de igual valor.

Por exemplo, a empresa "Pequenas Meias" possui $ 1.000 no banco e, portanto, um ativo de $ 1.000, que representa um "débito" na contabilidade da empresa. O banco guarda os $ 1.000, mas deve este valor a "Pequenas Meias", já que não é dinheiro próprio do banco. O banco tem uma obrigação com "Pequenas Meias" de $ 1.000, que representa um "crédito" na contabilidade do banco. O banco diz a "Pequenas Meias": "Você está com um crédito de $ 1.000."

2.4

Veja como funcionam os sistemas contábeis

As principais funções de um contador são registrar, analisar e compilar transações econômicas e financeiras. Para isso, faz-se necessário um processo eficiente e a maioria das empresas segue o mesmo sistema estabelecido.

- **Livro diário e livro-caixa.** Os livros "diário e caixa" são usados para registrar todas as entradas no sistema contábil. As principais entradas são vendas, compras, recebimentos e pagamentos por caixa. O termo "caixa" é usado genericamente e pode representar tanto transferências bancárias como dinheiro em espécie. O livro-caixa fornece um relato atualizado da posição financeira da empresa e deve ser reconciliado regularmente com a conta bancária.

- **Contas a receber e Contas a pagar.** Esses livros compreendem o registro de quanto é devido pelos clientes e de quanto a empresa deve a fornecedores. Cada cliente tem uma "conta" individual no livro

> **Estudo de caso** – João trabalha para uma empresa farmacêutica, estabelecida em 1950. Historicamente, a empresa sempre usou um sistema de contabilidade manual, mas atualmente, como nas empresas modernas, tudo é automatizado por meio de softwares contábeis específicos e eficientes. A maioria desses softwares herdou a terminologia dos sistemas manuais. Embora o termo "razão" ainda seja comum, o termo

"Contas a receber", em que são lançadas as faturas emitidas e registrados os pagamentos recebidos. Isso proporciona um relatório das transações com cada cliente e o saldo devido em determinado momento. O livro "Contas a pagar" funciona da mesma maneira, registrando-se as faturas contra a empresa e os pagamentos feitos a cada fornecedor.

■ **Livro-razão.** Os livros "diário e caixa" alimentam o "livro-razão" (ou "razão geral"), que é o agrupamento dos registros contábeis de todas as transações econômico-financeiras. Cada ativo ou obrigação e cada item de receita ou despesa tem sua conta e código próprios. Os contadores podem, assim, extrair relatórios detalhados de cada conta/código.

■ **Demonstrações contábeis.** As demonstrações contábeis são a coleção dos relatórios econômicos e financeiros formais das atividades da empresa, que são: o balanço patrimonial, a demonstração do resultado do exercício, a demonstração das mutações do patrimônio líquido, a demonstração do resultado abrangente, a demonstração do valor adicionado e a demonstração dos fluxos de caixa. Cada conta do livro-razão é resumida e categorizada na demonstração pertinente.

Use sistemas contábeis estabelecidos para a escrituração.

"caixa" se alterna com o termo "banco". Os sistemas informatizados de João oferecem mais controle, além de rapidez para gerar relatórios detalhados. Também auxiliam outras áreas da empresa, como o departamento de vendas, que pode ter acesso a relatórios de clientes mais precisos e atualizados.

2.5

Entenda o balanço patrimonial (BP)

O "balanço patrimonial" é uma das principais demonstrações contábeis e expressa uma "fotografia" da situação patrimonial da empresa em dado momento.

■ **O que a empresa possui.** A parte superior do balanço apresenta os ativos de propriedade da empresa, que são:
   ■ Ativos de longo prazo (ativos não circulantes), tais como imóveis, instalações e equipamentos, intangíveis e investimentos.
   ■ Ativos de curto prazo (ativos circulantes), tais como estoque, valores devidos por clientes e disponibilidades.

■ **O que a empresa deve.** A parte inferior do balanço apresenta as obrigações da empresa com os sócios e com terceiros, que são:
   ■ Patrimônio líquido, que consiste basicamente no capital social e nos lucros acumulados, no caso das sociedades limitadas. "Lucros acumulados" ou "Reserva de lucros" são lucros não distribuídos ou não aplicados que são retidos na empresa para uso futuro. Em verdade, pertencem aos sócios e são, portanto, uma obrigação da empresa para com eles.
   ■ Obrigações de longo prazo (passivos não circulantes), tais como empréstimos bancários.
   ■ Obrigações de curto prazo (passivos circulantes), tais como valores devidos a fornecedores e a outros credores.

■ **Porque o balanço patrimonial se equilibra.** A parte superior do balanço patrimonial corresponderá à parte inferior devido ao princípio das partidas dobradas – a cada débito corresponde um crédito de igual valor (Segredo 2.3). Os ativos da empresa (seus débitos) corresponderão às suas obrigações (seus créditos). O formato exato de um balanço patrimonial dependerá do tipo de negócio e das respectivas normas contábeis.

Um exemplo (simplificado) de balanço patrimonial é mostrado abaixo. A apresentação pode variar conforme o tipo de negócio e as respectivas normas contábeis.

Exemplo de balanço patrimonial em determinada data

	$
Ativos circulantes	
Caixa	9.750
Estoques	20.000
Clientes e outros recebíveis	18.500
Ativos não circulantes	
Investimento em imóveis	7.500
Imóveis, instalações e equipamentos	150.250
Ativos intangíveis	25.000
ATIVO TOTAL	231.000
Passivos circulantes	
Fornecedores e outros credores	14.250
Passivos não circulantes	
Empréstimos bancários	94.250
Patrimônio líquido (PL)	
Capital social	25.000
Lucros acumulados	97.500
PASSIVO + PL	231.000

O balanço patrimonial resume o que a empresa possui e o que ela deve.

2.6

Entenda a demonstração do resultado do exercício (DRE)

Enquanto o balanço patrimonial representa uma fotografia da situação patrimonial da empresa em dado momento, a demonstração do resultado do exercício abrange um período de tempo. Ela resume o total de receitas geradas e o total de despesas efetuadas em um dado período (exercício).

As demonstrações do resultado do exercício também são conhecidas como DRE. Elas evidenciam se a empresa teve mais receitas que despesas (obteve lucro) ou vice-versa (obteve prejuízo). Os itens principais da DRE são explicados abaixo. A terminologia depende do tipo de empresa e das respectivas normas contábeis. Consulte o Segredo 2.9 acerca das diferentes normas contábeis.

- **Receita.** Também chamada de vendas ou faturamento – a receita de um período.
- **Custo das vendas.** O custo direto das vendas durante o período. Pode ser o custo das mercadorias para um varejista, o custo dos serviços para um prestador de serviços ou o custo de produção para um fabricante. O custo das vendas é associado às vendas que ocorreram durante o período e não ao momento em que se deu a aquisição dos produtos ou sua fabricação.
- **Lucro bruto.** Receita menos custo das vendas – um indicador de desempenho essencial.
- **Despesas operacionais.** Os custos gerais para manter o negócio durante o período. Exemplos: distribuição, administração e despesas de marketing.

- **Ocorrências especiais.** A empresa pode incorrer em uma grande despesa extraordinária ou desfazer-se de uma parte substancial de suas operações. Conforme a norma contábil aplicável, isso pode ser informado separadamente ou nas notas explicativas.
- **Lucro operacional.** Ou "resultado operacional" é simplesmente o lucro bruto menos as despesas operacionais. Trata-se de outro indicador de desempenho essencial.
- **Despesas financeiras.** Em geral, o custo dos juros de dívidas durante o período. São registrados de forma líquida, descontando-se quaisquer juros recebidos.
- **Tributos sobre o lucro.** Os tributos devidos sobre o lucro gerado no período.
- **Lucro líquido.** A linha final de lucro (ou prejuízo) do período, depois de todas as despesas. Nas sociedades limitadas, pode ser retido na empresa ou distribuído aos sócios.

Um exemplo (simplificado) de demonstração do resultado do exercício é mostrado abaixo. A apresentação pode variar conforme o tipo de negócio e as respectivas normas contábeis.

Exemplo de DRE para o fim do exercício em determinada data

	$
Receitas	110.750
Custo das vendas	(65.500)
Lucro bruto	45.250
Despesas operacionais	(36.750)
Resultado operacional	8.500
Despesa financeira líquida	(900)
Tributos sobre o lucro	(2.500)
Lucro líquido	5.100

Uma demonstração do resultado do exercício apresenta o total de receitas geradas e de despesas incorridas em um dado período (exercício).

2.7
Entenda a demonstração dos fluxos de caixa

Em conjunto com o balanço patrimonial e com a demonstração do resultado do exercício, a demonstração dos fluxos de caixa oferece uma visão completa da empresa. Ela apresenta a origem e o destino dos recursos da empresa e constitui um indicador importante para conhecer a liquidez e a solvência do negócio.

- **Lucro *versus* caixa.** No longo prazo, os lucros devem se equiparar à geração de caixa. No curto prazo, porém, lucro não significa necessariamente que a empresa gerou caixa. Como as demonstrações contábeis são preparadas com base no regime de competência, o momento de reconhecimento das receitas e das despesas nem sempre é o mesmo momento dos respectivos recebimentos e pagamentos. A demonstração dos fluxos de caixa preenche esse vácuo e mensura as entradas e saídas reais de caixa e equivalentes a caixa durante um período em três atividades: operacionais, de investimentos e de financiamentos.
- **Fluxos de caixa das atividades operacionais.** As atividades operacionais são a principal fonte de receita da empresa, por exemplo: vendas a clientes, compras de fornecedores e pagamentos a empregados. O fluxo de caixa pode ser calculado (método indireto) ajustando-se o lucro líquido do período conforme as diferenças nos exercícios, como movimentação no estoque e quaisquer itens que não afetaram as disponibilidades, ou seja, caixa e equivalentes de caixa (bancos e aplicações financeiras de curtíssimo prazo, alta liquidez, de baixo risco de mudança de valor e sem caráter especulativo (Segredo 2.8). Essa é a parte principal da demonstração dos fluxos de caixa, porque o caixa gerado pelas operações tem de pagar todas as saídas de caixa relacionadas a outras atividades, por exemplo: juros de empréstimos e dividendos.

- **Fluxos de caixa das atividades de investimento.** A aquisição e baixa de ativos de longo prazo e outros investimentos.
- **Fluxos de caixa das atividades financeiras.** Alterações financeiras no patrimônio líquido ou dívidas, assim como dividendos e/ou juros sobre capital próprio pagos aos sócios.

Um exemplo (simplificado) de demonstração dos fluxos de caixa é mostrado abaixo.

Exemplo de demonstração de fluxos de caixa para o fim do exercício em determinada data $

Fluxos de caixa das atividades operacionais	
Lucro líquido do exercício	8.500
Ajustes para diferenças de exercício	(1.650)
Juros e impostos pagos	(3.250)
	3.600
Fluxos de caixa das atividades de investimento	
Aquisição de imóvel	(9.450)
Ganho de capital na venda de equipamento	2.250
Juros e dividendos recebidos	900
	(6.300)
Fluxos de caixa das atividades financeiras	
Aumento do capital social	1.500
Aquisição de empréstimos de longo prazo	7.500
Dividendos e juros sobre capital próprio pagos	(3.000)
	6.000
Aumento líquido de caixa e equivalentes de caixa	3.300
Caixa e equivalentes de caixa no início do exercício	6.450
Caixa e equivalentes de caixa no fim do exercício	9.750

A empresa gerou $ 3.600 de caixa nas atividades operacionais, embora tenha auferido lucro de $ 8.500. Gastou $ 6.300 em atividades de investimento, que foram praticamente financiados pelos $ 6.000 das atividades financeiras. As disponibilidades, de forma geral, aumentaram em $ 3.300.

A demonstração dos fluxos de caixa apresenta a origem e o destino dos recursos financeiros da empresa.

2.8

Fique atento aos custos não financeiros

Os custos não financeiros explicam algumas das diferenças entre lucro e fluxo de caixa. O assunto se relaciona com os Segredos 2.2 e 2.7, nos quais aprendemos que as despesas registradas e seus respectivos pagamentos podem não ocorrer no mesmo momento. O conceito de competência significa que a empresa registra as despesas quando estas incorrem e não quando são pagas.

Veremos aqui dois exemplos de custos não financeiros, que são: a depreciação e a amortização.

Minuto de reflexão – Sua empresa lida com a capitalização de pesquisa e desenvolvimento (P&D)? Dependendo do local onde o produto ou serviço é vendido, algumas normas contábeis permitem que os custos relativos a P&D sejam "capitalizados", isto é, adicionados ao balanço como um ativo (intangível) de longo prazo. Em consequência, não há a despesa imediata lançada na demonstração do resultado do exercício. Esse ativo ou "dispêndio capitalizado" é amortizado durante sua vida útil.

"De fato, se meu negócio fosse legal, eu deduziria um bom percentual de depreciação do meu corpo (...)"

Xaviera Hollander, autora de "A Prostituta Feliz" (The Happy Hooker)

Depreciação. Os ativos fixos ou de longo prazo (Segredo 1.3) têm uma "vida útil econômica" e perdem valor no decorrer do tempo, por desgaste, perda de utilidade ou obsolescência. Por exemplo, os veículos realmente sofrem desgaste e os ativos tecnológicos podem se tornar obsoletos. A depreciação é uma forma de medir o quanto esses ativos se desgastam ao longo do tempo. No Segredo 2.5, aprendemos que o balanço patrimonial inclui o valor dos ativos de longo prazo da empresa. Em geral, esse valor será o custo original menos a depreciação até o momento. No Segredo 2.6 aprendemos que a demonstração do resultado do exercício inclui os custos gerais da empresa. Esses custos incluem a depreciação, que é efetivamente um custo não financeiro.

Portanto, a empresa não registra na demonstração do resultado do exercício o custo total de um ativo fixo no momento da aquisição. Em vez disso, o custo é incluído no balanço patrimonial e a depreciação é registrada na DRE durante a vida do ativo, para se referir ao seu uso. Ao longo da vida do ativo, o custo total deverá ter sido lançado na DRE, ou seja, o custo será distribuído por vários anos.

Amortização. A amortização é basicamente a mesma coisa que a depreciação, porém se refere aos ativos intangíveis (Segredo 1.3)

Uma demonstração do resultado do exercício pode incluir custos não financeiros, ou seja, não desembolsáveis imediatamente, como depreciação e amortização.

2.9

Conheça a regulamentação contábil

Uma visão geral sobre a regulamentação contábil é útil para ajudar a entender o contexto em que são produzidas as demonstrações contábeis. A maioria das normas aplica-se a sociedades limitadas ou aquelas de capital aberto, em contraste com o empresário ou microempreendedor individual.

■ **Normas regionais e internacionais.** A legislação comercial local determina a forma e o conteúdo das demonstrações contábeis e exige que as empresas atendam às normas de contabilidade aplicáveis. Essas normas estabelecem vários conceitos ou princípios que servem de base para as demonstrações contábeis. Elas também lidam com áreas subjetivas que requerem discernimento, como a avaliação de bens. Além das leis e normas locais emitidas pelo CPC (Comitê de Pronunciamentos Contábeis), o IASB (*International Accounting Standards Board* – "Conselho Internacional das Normas Contábeis")

Estudo de caso – A União Europeia exige que as empresas de capital aberto atendam às IFRS. Muitos outros países seguem essa orientação, com a surpreendente exceção dos Estados Unidos. Em 2002, o governo norte-americano divulgou novas leis para restaurar a confiança pública depois de vários

procura aperfeiçoar e harmonizar os relatórios contábeis em todo o mundo. O IASB publica as IFRS (*International Financial Reporting Standards* – "Normas Internacionais para Demonstrações Financeiras"), que norteiam as relações contábeis, bem como a preparação e a apresentação das demonstrações contábeis. Conforme o tamanho e o tipo de negócio, a empresa deve atender tanto às normas regionais como às normas internacionais de produção de relatórios contábeis.

■ **GAAP.** As GAAPs (*Generally Accepted Accounting Practice* – "Práticas Contábeis Geralmente Aceitas") compreendem todas as regras, qualquer que seja a sua fonte (legislação comercial, normas regionais e internacionais ou outras exigências legais), que regem a contabilidade. A maioria dos países tem suas próprias GAAPs, embora as normas contábeis regionais e internacionais estejam em processo de convergência.

■ **Auditoria.** Empresas acima de determinados níveis são obrigadas a ter uma auditoria externa. Auditoria é uma inspeção dos registros contábeis e dos procedimentos de uma empresa efetuada por um contador independente, com a finalidade de emitir um parecer sobre a precisão e a integridade de suas demonstrações contábeis. Muitas empresas grandes têm também uma área de auditoria interna independente (um departamento separado) que examina e avalia as atividades empresariais.

A regulamentação contábil dá consistência e comparabilidade entre diferentes empresas.

escândalos contábeis muito divulgados, como os casos da Enron, WorldCom e Tyco, entre outros. A lei Sarbanes-Oxley, conhecida como Sarbox ou SOX, definiu normas e requisitos para todas as empresas norte-americanas de capital aberto, seus conselhos, diretorias e escritórios de contabilidade.

2.10

Saiba quem usa as demonstrações contábeis

As demonstrações contábeis são utilizadas para diferentes finalidades. Abaixo estão listados os públicos que podem ter interesse nas informações contábeis de uma grande empresa de capital aberto.

- **Acionistas.** Precisam dos resultados econômicos e financeiros para avaliar o risco e o retorno de seu investimento. Também desejam avaliar como a diretoria executiva está conduzindo o negócio.
- **Analistas financeiros, consultores e jornalistas.** Analisam as demonstrações contábeis para seus clientes e para os investidores atuais ou potenciais.
- **Agências de classificação de crédito (ou agências de *rating*).** Usam as demonstrações para classificar a saúde econômica e financeira de uma empresa e para aconselhar seus clientes, que são: investidores, financiadores, fornecedores e até clientes da empresa analisada.

Estudo de caso – As demonstrações anuais são uma maneira de comunicação entre as empresas e seus acionistas em países como o Brasil, Estados Unidos e Reino Unido, onde existem mercados de ações bem desenvolvidos. Em alguns países europeus, o financiamento de dívidas por meio dos bancos

■ **Instituições financiadoras, como bancos.** Avaliam a capacidade de uma empresa honrar seus empréstimos.

■ **Fornecedores.** Avaliam a saúde econômica e financeira da empresa para prever se ela continuará comprando no futuro e, ainda mais importante, se a empresa será capaz de saldar suas dívidas.

■ **Clientes.** Avaliam a saúde econômica e financeira e a direção futura da empresa para prever se ela continuará a ser uma fornecedora confiável de bens ou serviços. Alguns clientes estarão interessados em saber quanto de lucro a empresa obteve em suas transações.

■ **Diretores executivos.** Avaliam o desempenho econômico e financeiro para subsidiar a tomada adequada de decisões. Também devem ter acesso a informações econômicas e financeiras internas.

■ **Empregados.** Avaliam a saúde econômica e financeira da empresa para se certificar da segurança de seus empregos e remuneração.

■ **Autoridades fiscais.** Desejam conhecer o montante de lucro da empresa a fim de calcular os tributos devidos.

■ **Governos.** Estão interessados no impacto sobre a economia como um todo, como oferta de empregos e contribuição para o Produto Interno Bruto (PIB). Coletam principalmente informações econômicas para produzir dados estatísticos nacionais.

■ **Público em geral.** Pode estar interessado nos impactos do negócio sobre sua vida e comunidade. Por exemplo, a política ambiental da empresa e suas diretrizes éticas e de contratação.

As demonstrações contábeis precisam atender às necessidades de vários públicos de interesse.

é historicamente mais usado. Tradicionalmente, os bancos demandam informações contábeis periódicas e mais detalhadas do que aquelas das demonstrações contábeis. Nesses países, as autoridades fiscais do governo costumam ser os principais usuários das demonstrações contábeis.

Capítulo 3
Gerando lucro

O principal objetivo da maioria das empresas é gerar lucro e neste capítulo explicarei como gerar e aumentar o lucro. Para entender como ele é gerado, você precisa observar os diferentes tipos de custos e, em especial, o relacionamento entre custos, volume e lucro. Um dos desafios é manter e aumentar a capacidade de geração de lucro. Assim, vou passar por quatro caminhos estabelecidos para ajudar a melhorar o resultado econômico.

3.1

Compreenda que nem todos os "custos" são iguais

Informações detalhadas sobre os custos são essenciais para a interpretação significativa do desempenho do negócio e para permitir a tomada de decisões que podem promover aumento da lucratividade. Os gerentes devem saber como identificar os diferentes custos e alocar os recursos.

- **Custos diretos e indiretos.** Os custos diretos podem ser identificados com um produto ou serviço específico. Os custos indiretos não podem ser facilmente associados a um produto ou serviço e geralmente são chamados de "custos gerais".

- **Comportamento dos custos: custos fixos e variáveis.** Os custos comportam-se de maneira diferente de acordo com as mudanças no nível de produção ou volume (doravante, atividade). Os custos variáveis alteram-se de acordo com o nível de produção, os fixos não variam conforme a produção.

> **Estudo de caso** – Miguel é dono de uma empresa de móveis de madeira. Seus custos diretos são o custo do material (madeira) e o custo do trabalho de seu carpinteiro que faz os móveis. Seus custos indiretos são o aluguel da oficina onde faz os móveis e a energia elétrica usada no local. Tais custos só podem ser alocados a

> *"O que importa não é o quanto você paga a uma pessoa, mas o quanto ela lhe custa."*
>
> **Will Rogers, ator e comediante**

Os dois custos mais comuns são: os que variam diretamente de acordo com a atividade e os que são fixos e indiferentes a movimentos na atividade. Observe que os custos fixos e os custos variáveis podem também ser diretos ou indiretos.

■ **Comportamento dos custos: custos mistos.** Na prática, alguns custos incluem um misto de componentes fixos e variáveis. Um custo semivariável inclui tanto um elemento fixo como um variável. Por exemplo, em geral, uma conta de telefone é composta de uma taxa de assinatura e do custo das ligações efetuadas. Um custo semifixo (ou escalonado) aumenta a níveis escalonados de atividade. Por exemplo, para administrar o aumento de demanda, uma empresa de entregas poderia contratar um veículo extra, já que sua frota existente está plenamente ocupada.

Compreenda os diferentes tipos de custo para obter um eficiente processo de planejamento, controle e tomada de decisões.

---

cada móvel individualmente através de estimativas. Entre os custos variáveis de Miguel, estão a madeira e a energia usada para fazer os móveis. Entre os custos fixos, está o aluguel da oficina. O custo do trabalho do carpinteiro pode ser variável ou fixo, dependendo de como Miguel lhe paga, se por trabalho ou por salário fixo.

3.2

Saiba o que quer dizer "lucro"

De modo simples, "lucro" é "receita" menos "despesas". Entretanto, enquanto a definição de "receita" é razoavelmente consistente, a definição de "despesas" pode variar de pessoa para pessoa e de país para país. Consequentemente, há diferentes e por vezes conflitantes medidas de lucro.

Até o "lucro" recebe nomes diferentes. Algumas vezes, os termos "ganhos" ou "renda" são usados como sinônimos de lucro. Ao se discutir o lucro com outras pessoas, é conveniente confirmar qual conceito está sendo usado. Os mais comuns são listados aqui:

■ **Lucro bruto.** A primeira medida de lucro apresentada na DRE. É calculada pela dedução do "custo das vendas" das "receitas". O "custo das vendas" são os custos diretos das vendas, por exemplo, o custo total das compras para um varejista que vendeu toda a mercadoria comprada. Portanto, o lucro bruto é o lucro direto da empresa. Veja também "margem bruta" (Segredo 7.2).

Estudo de caso – O indicador EBITDA (*Earning Before Interest, Taxes, Depreciation and Amortization*, "Lucro antes de juros, impostos, depreciação e amortização") (Segredo 2.8) compensa efetivamente alguns dos efeitos da contabilidade por regime de competência (Segredo 2.2): o financiamento e a taxação. Muitos questionam sua validade e, por isso, ele

■ **Lucro operacional.** A segunda medida de lucro apresentada na DRE. É calculada pela dedução das despesas operacionais indiretas (como distribuição e administração) do lucro bruto. O lucro operacional também é conhecido como "resultado operacional" ou "EBIT" (*Earnings Before Interest and Taxes*, "lucro antes de juros e impostos").

■ **Lucro líquido.** Normalmente conhecido como "resultado econômico final", já que é a última linha da DRE. Há, entretanto, divergências sobre como o lucro líquido é calculado. As definições mais comuns são: lucro antes dos impostos e depois dos juros e lucro depois dos impostos e dos juros. Veja também "margem líquida" (Segredo 7.2).

■ **Margem de contribuição.** As medidas de lucro anteriores são derivadas dos relatórios contábeis, em que as distinções são feitas com base nos custos diretos e indiretos. Para fins de gerenciamento interno, o uso dos custos fixos e variáveis para calcular o lucro pode fornecer um indicador mais útil. Uma medida de lucro importante para a contabilidade gerencial é a "margem de contribuição bruta", que é calculada como receita menos custos variáveis (Segredo 3.5). Deduzindo da margem de contribuição bruta as despesas variáveis, obtém-se a "margem de contribuição líquida". Os custos e despesas fixos são deduzidos da margem de contribuição líquida para se chegar ao "resultado líquido".

Sempre seja claro sobre o conceito de "lucro" a que você está se referindo.

não é formalmente apresentado na DRE. Contudo, é bastante usado por investidores como indicador de desempenho e ferramenta de avaliação. O EBITDA foi muito usado durante a "bolha" das empresas de *internet*, porque ele ignorava os custos de juros e permitia que empresas em prejuízo apresentassem um "lucro".

3.3

Diferencie *mark-up* (percentual sobre custos) de margem

Em geral, as empresas adotam "custo mais percentual" para definir preços, ou seja, o preço é calculado adicionando-se um prêmio aos custos diretos, a fim de se cobrir os custos indiretos e gerar um lucro. Esse prêmio pode ser calculado através de um "mark-up" (percentual sobre os custos) ou de uma "margem". Algumas vezes, há confusão entre os dois métodos e qual deles usar.

Os conceitos de *mark-up* e de margem usam o princípio do lucro bruto (Segredo 3.2), que é receita menos custo das vendas. Os "custos das vendas" incluem somente os custos diretos das vendas e excluem custos e despesas indiretos (ou custos gerais), como administração, distribuição, aluguel, contas de serviços públicos etc.

■ **Mark-up.** Calcula o lucro como um percentual sobre os custos diretos. É um método simples de precificação, já que um prêmio é simplesmente adicionado aos custos diretos. Simplificadamente, este percentual pode ser calculado assim:

$$\frac{\text{Lucro bruto}}{\text{Custo das vendas}} \times 100\% = \textit{mark-up } (\%)$$

> **"Nunca pergunte a um empresário qual o percentual que ele coloca no preço."**
> **Swami Raj, vidente**

Por exemplo, adotando-se um *mark-up* de 25%, um produto com custo de $ 100 seria vendido por $ 125. O lucro bruto desse produto seria $ 25.

$$\frac{\$\ 25}{\$\ 100} \times 100\% = 25\% \text{ de } mark\text{-}up$$

Esse método mede a margem sobre custos diretos. É útil para se calcular referenciais.

■ **Margem.** Calcula o lucro como percentual do preço de venda. A margem é como trabalhar de trás para frente, já que permite à empresa calcular o quanto de lucro é obtido com a venda. A margem pode ser calculada da seguinte maneira:

$$\frac{\text{Lucro bruto}}{\text{Vendas}} \times 100\% = \text{margem (\%)}$$

Usando o mesmo exemplo acima: um produto que é vendido por $ 125 e que tenha lucro bruto de $ 25 tem efetivamente margem bruta de 20%. Portanto:

$$\frac{\$\ 25}{\$\ 100} \times 100\% = 20\% \text{ de margem}$$

O *mark-up* calcula o lucro como um percentual sobre os custos diretos. A margem calcula o lucro como um percentual do preço.

3.4

Considere o impacto do desconto

Muitas empresas oferecem descontos com o objetivo de aumentar o volume das vendas e o lucro. Muitos entendem que o volume adicional de vendas cobrirá o custo do desconto. Entretanto, o impacto dos descontos sobre o lucro precisa ser cuidadosamente avaliado.

Veja como manter os níveis de lucratividade com a oferta de descontos

Vamos usar o exemplo simples de uma empresa que esteja considerando oferecer desconto de 10% sobre um produto que normalmente vende por $ 100 e que tenha uma margem de lucro bruto de 30%. Isso significa que o produto tem custo de $ 70 e contribui com lucro de $ 30 por unidade.

- Se o produto normalmente vende 100 unidades, o lucro bruto total é de $ 3.000 (100 unidades x $ 30).
- Um desconto de 10% sem aumento no volume de vendas reduzirá o lucro bruto para $ 2.000 (100 unidades x $ 20). A lição aqui é que reduzir o preço não reduz os custos, que ainda são de $ 70 por unidade! O desconto, portanto, reduzirá o lucro por unidade para $ 20 ($ 90 – $ 70).
- Se a meta da empresa é manter o nível de lucratividade, o volume de vendas precisará aumentar para 150 unidades, para que gere um lucro bruto total de $ 3.000 ($ 150 x $ 20).

■ Logo, a empresa precisaria aumentar o volume de vendas em 50% simplesmente para compensar o impacto do desconto de 10%.

Esse impacto é maior quando há margens menores. Por exemplo, uma empresa com margem de lucro bruto de 20% precisaria aumentar o volume de vendas em 100% para manter o nível de lucratividade.

Esses percentuais são necessários para se manter o nível de lucratividade. Se a estratégia por trás da oferta de descontos é ampliar as vendas (e, no fim das contas, o lucro), então o aumento no volume de vendas deverá ser ainda maior.

Calcule o volume de vendas necessário para diferentes descontos

A tabela abaixo ilustra o aumento no volume de vendas necessário para compensar o impacto da oferta de diferentes descontos sobre o lucro bruto.

Desconto	Margem bruta atual		
	20%	25%	30%
	Aumento no volume de vendas necessário para manter o lucro bruto		
5%	33%	25%	20%
10%	100%	67%	50%
15%	300%	150%	100%

Quanto menor a margem bruta atual, maior a necessidade de aumento no volume de vendas para manter o lucro bruto. Por exemplo, um desconto de 15% no preço de um produto que tem margem bruta de 20% exige aumento de 300% (o triplo) no volume de vendas para manter o lucro.

Calcule o custo real do desconto e seu impacto sobre o lucro.

3.5

Preveja os custos, o volume e o lucro

Analisar a relação entre custos, volume e lucro em diferentes níveis de atividade é conhecido como "análise custo-volume--lucro" (CVL) ou "análise de *break-even*" (equilíbrio).

■ **Calculando a "margem de contribuição"**. A margem de contribuição (Segredo 3.2) pode ser calculada como total ou por unidade, como se segue:

Margem de contribuição por unidade = preço por unidade − custos variáveis por unidade

Margem de contribuição total = receita (preço x volume) − custos variáveis totais

A relação entre receita, margem de contribuição e resultado é:

	$
Receita	X
Custos e despesas variáveis	(X)
Margem de contribuição	X
Custos e despesas fixos	(X)
Resultado Líquido	X

Essa relação significa que um aumento na receita leva a um aumento na margem de contribuição. Além disso, como os custos fixos são constantes, o resultado líquido aumentará na proporção direta do aumento na contribuição. Conhecer a margem de contribuição é importante porque ela demonstra o impacto sobre o resultado no caso de alterações nos custos, preços ou volume. Isso permite o planejamento de diferentes estratégias.

"Eu ficaria 'equilibrado' se vendesse tudo agora."

John Wayne, ator e produtor de cinema norte-americano

■ **O *break-even point* (ponto de equilíbrio).** O *break-even* é o volume de vendas, em unidades ou receita, em que o resultado gerado é igual a zero. É o nível mínimo de vendas a se atingir, já que qualquer valor abaixo dele será um resultado negativo. No *break-even*, a receita total iguala os gastos totais (custos e despesas totais) e a margem de contribuição total iguala os custos de estrutura, ou seja, os gastos fixos (custos fixos mais despesas fixas totais). Ele é importante para a avaliação da situação atual da empresa e para o planejamento. Baseado nesse princípio, o *break-even* é assim calculado:

$$\text{Break-even (unidades vendidas)} = \frac{\text{gastos fixos}}{\text{contribuição por unidade}}$$

Exemplo simples de *break-even*

Eis o exemplo de uma empresa de panelas, em que o preço de venda por unidade é de $ 16 e os custos variáveis por panela são de $ 8. Logo, a margem de contribuição por panela é de $ 8. Os custos fixos da empresa somam $ 100 mil.

■ **O *break-even point* (ponto de equilíbrio)**

$$\text{Break-even} = \frac{\$\,100.000}{\$\,8} = 12.500 \text{ panelas}$$

Portanto, a empresa precisa vender pelo menos 12.500 panelas para equilibrar e cobrir os custos fixos. Vendas acima de 12.500 panelas gerarão lucro.

■ **O *break-even* de receita (ponto de equilíbrio de receita)**

$$\text{Break-even de receita} = 12.500 \text{ panelas} \times \$\,16 \text{ preço de venda} = \$\,200.000$$

A empresa precisa gerar pelo menos $ 200.000 de receita para atingir o equilíbrio.

Use a análise CVL para prever o lucro em diferentes níveis de atividade.

3.6

Saiba quando usar a análise CVL

Os conceitos de margem de contribuição e *break-even* (veja o Segredo anterior) têm diversas aplicações em planejamento e para a tomada de decisões. Eis algumas situações em que a análise CVL pode ser usada:

- **Calculando uma meta de lucro.** A meta de lucro pode ser uma meta mais interessante para a empresa do que o *break-even point*. Ao tratar a meta de lucro como um custo fixo adicional, a análise CVL pode ser usada para calcular a meta de volume de vendas em termos de receita ou de unidades.

- **Calculando uma margem de segurança.** Refere-se à situação em que as vendas possam estar abaixo do previsto antes de o *break-even point* ser alcançado. Essencialmente, é um indicador de risco e representa uma proteção para a empresa. Pode ser mensurado em unidades, receita ou como uma queda percentual.

- **Calculando o impacto de mudança do preço de venda ou dos custos.** Por exemplo, o valor de aumento dos preços necessário para manter o nível de lucratividade seguido de um aumento nos custos.

- **Otimizando campanhas de *marketing*.** Por exemplo, calculando a quantidade de vendas extras necessária para cobrir os gastos em propaganda ou em uma promoção com desconto.

- **Premiando vendedores.** Permite que você avalie diferentes maneiras de premiar os vendedores.

- **Planejando novos produtos e serviços.** Permite que você determine a combinação ótima entre preço e volume para novos produtos ou serviços que maximizará a margem de contribuição e, consequentemente, o lucro.
- **Mudando o leque de produtos.** Você pode calcular o impacto da mudança de seu *mix* de produtos ou serviços oferecidos.

Exemplos de aplicação do *break-even*.

Eis o exemplo de uma empresa de panelas, com meta de lucro de $ 50 mil. O preço de venda por panela é de $ 16 e os custos variáveis por panela são de $ 8. Logo, a margem de contribuição por panela é de $ 8. Os custos fixos da empresa são de $ 100 mil.

- **Meta de lucro.** A empresa deve vender 18.750 panelas ou gerar pelo menos $ 300.000 de receita, para cobrir os gastos fixos e atingir sua meta de lucro de $ 50 mil.

$$\text{Meta de unidades} = \frac{\$\ 100.000 + \$\ 50.000}{\$\ 8} = 18.750 \text{ panelas}$$

Meta de receita = 18.750 panelas × $ 16 preço de venda = $ 300.000

- **Margem de segurança.** Esses números presumem as vendas previstas da meta de lucro acima.

$$\text{Margem de segurança} = 18.750 \text{ meta de unidades} - 12.500\ \textit{break-even}$$
$$= 6.250 \text{ panelas, onde } \textit{break-even} = \frac{\$\ 100.000}{\$\ 8} = 12.500 \text{ panelas}$$

Isso pode ser expresso em percentual da meta:

$$\frac{6.250}{18.750} \times 100\% = 33\%$$

O que significa que as vendas podem cair até um terço sem que a empresa incorra em prejuízo.

Concentre-se em maximizar sua margem de contribuição para maximizar seu lucro.

3.7

Saiba como gerenciar a lucratividade

Ainda que existam vários tipos de empresas, quando se fala em gerenciar a lucratividade, há quatro caminhos estabelecidos que ajudam a melhorar o resultado econômico-financeiro: aumentar o volume de vendas; aumentar o preço; aumentar margens/contribuição e reduzir custos fixos. As empresas utilizam os princípios abordados neste capítulo.

1 **Aumentar o volume de vendas.** Uma maneira é aumentar a participação no mercado por meio de ofertas de descontos ou de ações de *marketing*. Outras maneiras são: vender os produtos existentes em novos mercados; oferecer novos produtos para os clientes atuais e vender novos produtos em novos mercados. Essa última pode ser uma estratégia de alto risco, porém de alto retorno.

2 **Aumentar preços.** Um aumento de $ 1 no faturamento vai direto para o resultado econômico-financeiro. Embora aumentar preços seja uma das estratégias mais efetivas para aumentar o lucro, é também uma das mais difíceis e não competitivas. Uma maneira de fazê-lo é através da criação de diferenciais, por exemplo, investindo-se em qualidade. Outra maneira é cobrar preços diferentes conforme os nichos de clientes.

> "Se alguém entra em um negócio somente com a ideia de ganhar dinheiro, provavelmente não terá sucesso."
> **Joyce Clyde Hall, fundador da Hallmark Cards**

3 **Aumentar margens/contribuição.** Esse é um ponto-chave para muitas empresas. Você pode reduzir custos renegociando preços com fornecedores ou adquirindo componentes mais baratos. Simplesmente mudar o *mix* de produtos para produtos de maior margem pode provocar o efeito desejado. Algumas vezes, isso também é possível através do aumento de produtividade, gerando-se mais resultado com os mesmos custos de produção.

4 **Reduzir custos fixos.** Muitas empresas cortam custos ditos "discricionários", como viagens, jantares, custos de pesquisa e desenvolvimento de produtos. Ainda que esses custos possam ajudar a aumentar o lucro no curto prazo, em geral trazem consequências que podem afetar negativamente a lucratividade no longo prazo. Outros métodos para redução dos custos fixos de longo prazo são: investimento em uma administração eficiente; contratação de mão de obra mais produtiva; otimização do consumo de energia; negociação do valor do aluguel; e busca por financiamentos mais baratos.

Claro, a empresa pode revezar algumas dessas opções. Por exemplo, oferecer descontos para aumentar o volume de vendas e aumentar preços. A melhor combinação dessas técnicas dependerá da natureza do negócio.

Volume, preço, margem e custos fixos são cruciais para o resultado econômico e financeiro.

3.8

Cuidado com os impostos

A consequência inevitável de se estruturar uma empresa é que ela estará obrigada à tributação sobre o lucro, além de sujeita a outros impostos. A tributação é uma imposição legal e é administrada por órgãos do governo, como a SRF (Secretaria da Receita Federal) no Brasil, o HMRC (*Her Majesty's Revenue and Customs*) no Reino Unido e o IRS (*Internal Revenue Service*) nos Estados Unidos.

A tributação é uma área complexa e requer consultoria profissional. Abaixo apresento apenas uma visão geral, já que os tributos dependem da estrutura da empresa. As informações aqui se aplicam a empresas limitadas.

■ **Imposto de renda.** É devido sobre os lucros. O lucro tributável da empresa é geralmente calculado com base em diferentes normas sobre o lucro apresentado nas demonstrações contábeis.

■ **Encargos trabalhistas (ou tributos sobre a folha de pagamento).** Afeta as empresas e os empregados. A empresa recolhe os encargos conforme o número de empregados ou o valor da folha de pagamento. Os empregados pagam impostos sobre seus salários, que são recolhidos pela empresa em nome dos órgãos governamentais. É o que se chama de "recolhimento na fonte".

■ **Tributos sobre ganhos de capital.** Incidem sobre os lucros provenientes da venda de ativos de longo prazo, como imóveis e outros investimentos.

> *"Duas coisas são certas: a morte e os impostos."*
>
> **Benjamin Franklin, filósofo norte-americano**

- **Taxas ecológicas.** Arrecadadas em alguns países em decorrência do impacto ambiental das empresas, como as emissões de dióxido de carbono. Também são conhecidas como taxa verde, taxa de carbono ou taxa de poluição.
- **Imposto sobre as vendas ou sobre a circulação de mercadorias e serviços.** Um imposto indireto devido sobre o consumo de certos bens e serviços no momento da compra. Trata-se, em geral, de um percentual sobre o preço. A carga tributária cai principalmente sobre os "consumidores" e é recolhida pelos "vendedores" em nome dos órgãos governamentais.
- **Imposto especial sobre o consumo.** Incide sobre a produção de determinados bens, como petróleo, álcool ou fumo.
- **Taxas aduaneiras.** Cobradas de importadores de certos bens trazidos do exterior.

"Elisão fiscal" é o uso de métodos legais para reduzir o montante do imposto devido. Geralmente utilizam-se deduções e créditos tributários para esse fim.

"Paraíso fiscal" é um lugar que oferece baixos tributos ou mesmo a sua isenção. Algumas empresas têm sede em paraísos fiscais, a fim de reduzir sua carga tributária. Um exemplo de paraíso fiscal são as Ilhas Virgens Britânicas, que têm o maior número de empresas offshore do mundo.

"Evasão fiscal" é a sonegação de impostos devidos e gera penas graves. Um exemplo de evasão fiscal é a apresentação de números contábeis falsos aos órgãos fiscais.

Conheça os efeitos dos tributos sobre os negócios no país ou nos países em que você estiver operando.

Capítulo 4
Gerenciando o caixa

O caixa é a força vital da empresa. Gerenciar o seu fluxo é essencial para a saúde e a sobrevivência da empresa. Neste capítulo, explicarei por que o caixa é tão importante e por que lucro não é necessariamente a mesma coisa que fluxo de caixa. Explicarei o "ciclo de caixa" e passarei por algumas das técnicas estabelecidas para melhorar o fluxo de caixa.

4.1

Entenda por que o caixa é fundamental

O motivo mais comum de insucesso das empresas não é a falta de lucro, mas a falta de caixa. Muitas empresas que fracassaram eram altamente lucrativas, mas incorreram em insuficiência de caixa.

- **Lucratividade x liquidez.** Enquanto a lucratividade é o retorno gerado pelo negócio, a liquidez é a capacidade de pagar as despesas e dívidas quando elas se tornam devidas. A liquidez é essencial para a estabilidade financeira da empresa. A ineficiência no gerenciamento da liquidez pode levar a empresa a se tornar incapaz de pagar a seus fornecedores e credores de curto prazo, o que, em última instância, pode levar à falência.

- **O caixa é como oxigênio.** Uma analogia interessante é a de que o lucro é o alimento, enquanto o caixa é o oxigênio. A "regra dos três" da sobrevivência diz que um homem pode sobreviver três semanas sem comida, três dias sem água, mas somente três minutos sem ar. Do mesmo modo, a empresa pode sobreviver sem lucro no curto prazo, mas não pode sobreviver sem caixa. Se os empregados e fornecedores não forem pagos, o negócio não sobreviverá por mais tempo.

> **Estudo de caso** – Vamos usar o exemplo de um varejista de automóveis especiais, a "Sexy Sports Cars", que vende um número baixo de carros, mas de alto preço; e de outro varejista, a "Dodgy Motors", que vende muitos carros, porém de baixo preço.

"O que importa é dinheiro em caixa, e não o volume de vendas ou o lucro."

Anônimo

■ **Quando o caixa "seca".** Embora pareça simples, muitas empresas não prestam atenção na liquidez. Em primeiro lugar, elas não são realistas quando preveem as entradas e saídas de caixa. Em geral, superestimam as receitas e subestimam as despesas. Em segundo lugar, nem todas as empresas calculam o fluxo de caixa para se antecipar aos problemas. Quando ficam sem caixa, geralmente já é muito tarde.

■ **Metas ideais.** Naturalmente tanto um fluxo de caixa saudável como lucros altos são metas ideais, porém, na prática, não são tão fáceis assim. A meta de curto prazo da empresa deve ser o gerenciamento do fluxo de caixa, enquanto a meta de médio e longo prazo deve ser o gerenciamento da lucratividade.

■ **Decidindo o saldo de caixa adequado.** As empresas devem descobrir qual é o saldo ideal de seu fluxo de caixa. Existe um equilíbrio entre manter caixa suficiente para atender às obrigações de curto prazo e utilizar o caixa em investimentos mais rentáveis. Deve-se, portanto, contrapesar a manutenção de ativos líquidos suficientes e os investimentos em ativos mais lucrativos.

Empresas bem-sucedidas gerenciam o fluxo de caixa no curto prazo e os lucros no médio e longo prazo.

> As demonstrações contábeis anuais da "Sexy Sports Cars" exibem mais lucro que os relatórios da "Dodgy Motors". Entretanto, a "Dodgy Motors" possui com frequência mais recursos líquidos que a "Sexy Sports Cars".

4.2

Evite a armadilha do excesso de atividade

Muitas empresas esforçam-se para crescer. Existe uma crença de que o crescimento rápido é a melhor maneira para construir um negócio de sucesso. Mas seria o crescimento rápido a melhor opção para empresas com caixa relativamente baixo e acesso limitado a financiamentos externos?

Excesso de atividade

"Excesso de atividade" é o desequilíbrio entre a demanda de trabalho que a empresa recebe e sua capacidade para atendê-la. O excesso de atividade é um sintoma de empresas em crescimento rápido que buscam volume de vendas e lucratividade à custa de sua liquidez.

Isso é comum em novas empresas que tendem a oferecer créditos de longo prazo a seus clientes, a fim de se estabelecer no mercado. Ao mesmo tempo, os fornecedores oferecem apenas créditos de curto prazo (ou exigem pagamento em dinheiro), já que as novas empresas não têm histórico de crédito. Esse *gap* entre o pagamento aos fornecedores e o recebimento dos clientes é geralmente financiado pelo cheque especial. Como consequência, as empresas com excesso de atividade entram em um ciclo negativo em que os bancos não ampliam mais o limite do crédito. Os custos crescentes de juros e a dívida associada indicam que seu *status* financeiro pode chegar à insolvência. Trata-se de desequilíbrio do ciclo financeiro.

"Ontem, um cheque devolvido. Hoje, só dinheiro vivo. Amanhã, uma nota promissória."

Hank Stram, técnico de futebol norte-americano

Sobrecapitalização

Na outra ponta do espectro do excesso de atividade, está a sobrecapitalização. Uma empresa sobrecapitalizada possui ativos em excesso que não estão sendo utilizados de forma eficiente. Ou seja, a empresa não está maximizando retornos em relação ao tamanho de seus ativos e, mais especificamente, ao seu caixa. Isso não representa o mesmo risco que o excesso de atividade, mas o dinheiro deve ser usado para financiar projetos de longo prazo ou deve ser pago aos sócios.

A sobrecapitalização é, com frequência, um sintoma de empresas maduras e bem-sucedidas, porém com poucas perspectivas de crescimento futuro.

Encontrando o equilíbrio

É difícil uma empresa em crescimento abrir mão das vendas, mas o sucesso pode prejudicar o negócio tão rapidamente quanto a falta dele.

O crescimento controlado e gerenciado é essencial para o futuro da empresa. Crescimento demanda investimento e somente certo nível de crescimento pode ser financiado pelo caixa gerado internamente. Mais crescimento requer investimentos externos, os sócios só investirão até certo limite e os bancos só emprestarão no curto prazo.

O sucesso pode prejudicar uma empresa tão rapidamente quanto a falta dele.

4.3

Entenda o ciclo de caixa

Ciclo de caixa é o tempo decorrido entre o pagamento a fornecedores e o recebimento de recursos das vendas. Também é conhecido como ciclo financeiro ou ciclo de conversão de caixa.

As empresas devem conhecer, calcular, controlar e financiar seu ciclo de caixa. Também é interessante conhecer o ciclo de caixa de clientes, fornecedores e até concorrentes. Normalmente, o ciclo de caixa é calculado em dias e é representado pelo diagrama abaixo (exemplo de uma indústria).

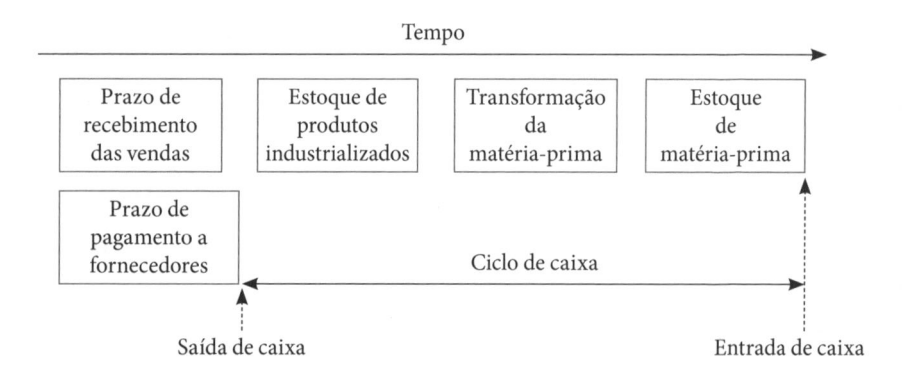

Tempo →			
Prazo de recebimento das vendas	Estoque de produtos industrializados	Transformação da matéria-prima	Estoque de matéria-prima
Prazo de pagamento a fornecedores			

Saída de caixa ← Ciclo de caixa → Entrada de caixa

■ **Empresas de serviços.** Uma consultoria que trabalhe com projetos de longo prazo pode ter muito dinheiro a receber por "trabalhos em andamento ainda não faturados", além de estar sujeita a longos prazos para recebimento. Seu principal custo de insumos será com os consultores, que não têm período de pagamento. Uma pequena empresa de consultoria poderá ter dificuldades para financiar ciclos de caixa longos. Desse modo, em projetos longos, é prática comum das consultorias solicitar pagamentos periódicos a seus clientes.

■ **Empresas sazonais.** Empresas sazonais, como fabricantes de calendários e agendas, têm ciclos de caixa flutuantes. A produção é distribuída durante o ano e os estoques crescem gradualmente. O recebimento das vendas ocorre aos poucos, uma vez que os varejistas estocam para a alta temporada de vendas e, muitas vezes, só pagam depois da temporada.

■ **Varejistas.** Um grande varejista, como um supermercado, terá um prazo médio de estoques relativamente baixo (devido aos perecíveis) e prazo de recebimento mínimo, já que a maioria de suas vendas se dá em dinheiro. Além disso, graças a seu tamanho e poder de compra, ele pode negociar com fornecedores prazos de pagamento mais longos. Assim, alguns supermercados têm, na verdade, um ciclo de caixa negativo, em que recebem dos clientes antes de terem de pagar aos fornecedores.

■ **O ciclo ideal.** As empresas devem procurar reduzir seus ciclos de caixa. Veja os Segredos 4.5 e 4.6, com dicas sobre como melhorar o ciclo.

Conheça seu ciclo de caixa e procure reduzi-lo.

4.4

Calcule o ciclo de caixa

Este capítulo mostra o método de cálculo da duração do ciclo de caixa (veja o Segredo anterior). É usado para avaliar a necessidade de caixa e de financiamento da empresa.

Calculando o ciclo

As fórmulas a seguir podem ser usadas para calcular a duração do ciclo de caixa de uma indústria. Geralmente o ciclo é medido em dias, embora semanas ou meses também possam ser facilmente calculados.

$$\text{Prazo de estoque de matéria-prima} = \frac{\text{Estoque médio de matéria-prima}}{\text{Uso anual de matéria-prima}} \times 365 = X$$

$$\text{Prazo de transformação de materiais} = \frac{\text{Estoque médio de materiais em transformação}}{\text{Custo anual das vendas}} \times 365 = X$$

$$\text{Prazo de estoque de produtos industrializados} = \frac{\text{Estoque médio de produtos industrializados}}{\text{Custo anual das vendas}} \times 365 = X$$

$$\text{Prazo de recebimento das vendas} = \frac{\text{Média de recebíveis}}{\text{Vendas anuais}} \times 365 = X$$

$$\text{Prazo de pagamento a fornecedores} = \frac{\text{Média de pagamentos}}{\text{Compras anuais}} \times 365 = X$$

> **Minuto de reflexão** – Compare o ciclo de caixa de sua empresa com o de seus fornecedores e clientes. Quem tem mais exposição a problemas de fluxo de caixa? Qual é a sua capacidade de ajuste caso seu ciclo se alongue? Você precisa de financiamento extra?

O crescimento da empresa (que afetará o ciclo no futuro) e a sazonalidade (que afetará o ciclo em diferentes momentos no ano) também devem ser considerados.

Financiando o ciclo

A duração do ciclo financeiro indicará quanto de capital de giro a empresa necessita e, por conseguinte, quanto precisa ser financiado. Para a maioria das empresas, haverá uma parte de sua necessidade de capital de giro que é constante e uma parte que é variável.

Aconselha-se cobrir a parte estável e constante com financiamento de médio ou longo prazo. Para a parte variável, um financiamento flexível de curto prazo, como o cheque especial, é mais adequado.

O valor do investimento necessário aumentará com o ciclo. Por exemplo, uma empresa com prazo de estoque de 20 dias e prazo de recebimento de 80 não pode se comparar a uma empresa com estoque de 80 dias e recebimento de 20. Embora ambas tenham um ciclo de 100 dias, o investimento necessário na primeira empresa é muito maior, já que o valor dos recebíveis (preço de venda) é maior que o valor dos estoques (custo).

O ciclo de caixa deve ser calculado para determinar as necessidades de financiamento de capital de giro.

4.5

Melhore o fluxo de caixa — Parte 1

Até aqui nos concentramos em entender e calcular o fluxo de caixa. O próximo passo é saber como as empresas podem melhorá-lo. Há várias fontes de recursos para uma empresa. Veremos como gerar caixa por meio das operações da empresa, do dispêndio de capital e de financiamentos. Veja também o Segredo 4.6.

Geração de caixa por meio das operações da empresa

Maneiras de aumentar as entradas de caixa:

- Consiga novos clientes, em especial aqueles com capacidade de pagamento à vista.

- Ofereça incentivos para que os clientes atuais paguem à vista (veja também o Segredo 3.4 sobre descontos).

Maneiras de reduzir custos financeiros:

- Revise as despesas arbitrárias. Verifique se determinados itens, como viagens em primeira classe, são realmente necessários. A empresa conseguiria viver sem eles?

- Evite as despesas – por exemplo, faça uma videoconferência pela *internet* em vez de viajar para uma reunião.

- Tente renegociar as maiores despesas, como o aluguel.

> **"É fácil obter um empréstimo... exceto quando você precisa dele."**
> **Norman R. Augustine, empresário norte-americano**

Geração de caixa por meio de dispêndio de capital

■ Considere adiar a aquisição de novos ativos ou amplie o ciclo de substituição dos ativos existentes, como computadores ou veículos.

■ Renegocie o preço e os prazos de pagamento de dispêndios de capital inevitáveis.

■ Considere contratar um *leasing* para novos ativos ou mesmo vender os ativos atuais e realizar um *lease back*.

Geração de caixa por meio de financiamentos

■ Aumentar, ampliar ou renegociar o prazo de empréstimos bancários é uma maneira de gerar caixa para a empresa. Os bancos geralmente exigem ativos como garantia e a formalização de contratos rigorosos para a concessão de empréstimos. A empresa precisa estar segura de que conseguirá cobrir o pagamento de juros com seu fluxo de caixa.

■ Algumas empresas "vendem" os recebíveis de seus clientes por meio de uma operação chamada *factoring*. Cobrando uma taxa, as empresas de *factoring* adiantam os recursos das duplicatas a receber, conforme o cliente, os prazos do crédito e o risco. Pode ser um financiamento caro e, para pequenas empresas, uma armadilha, porque uma vez iniciado o *factoring* de suas duplicatas é difícil romper o ciclo.

■ Os sócios podem ter interesse em investir mais na empresa caso vejam perspectiva de retorno.

■ Alternativamente, algumas empresas reduzem o pagamento de dividendos aos sócios em momentos de dificuldades, a fim de manter caixa na empresa.

As operações da empresa, o dispêndio de capital e os financiamentos são as três fontes principais de caixa.

4.6

Melhore o fluxo de caixa — Parte 2

No Segredo anterior, vimos como gerar caixa por meio das operações da empresa, do dispêndio de capital e de financiamentos. Neste Segredo, veremos o capital de giro. Trata-se de um indicador da eficiência das operações e da liquidez da empresa.

Capital de giro é a diferença entre o ativo circulante e o passivo circulante. Em outras palavras, é o montante de direitos e de caixa necessário para financiar os estoques menos o montante de obrigações. Recursos aplicados nos estoques ou dinheiro devido por clientes não podem ser usados para pagar obrigações de curto prazo. Portanto, as empresas precisam liberar recursos dessas fontes sempre que possível.

■ **Reduza os níveis de estoques.** Há vários métodos de gerenciamento de estoques. Uma técnica bem conhecida é o *just-in-time*, usada principalmente na indústria. Os bens são produzidos na medida certa para atender à demanda da clientela. Todos os materiais são enviados pelos fornecedores no momento exato para a próxima fase do processo de produção. Essa técnica reduz os níveis de estoques.

Estudo de caso — Luís é dono de um estúdio de fotografia e tentou oferecer um desconto de 2% na fase de contrato para pagamento em 10 dias, contra o pagamento em 30 dias. Essa abordagem teve sucesso relativo. Alguns de seus clientes menores, que já eram bons pagadores, acataram o desconto e mal notaram a diferença no custo. Muitos clientes, especialmente os maiores, concordaram com o desconto e ainda assim pagaram

"Os credores têm memória melhor que os devedores; são supersticiosos, muito bons observadores de dias e prazos."

Benjamin Franklin, filósofo norte-americano

■ **Reduza e controle os valores devidos por clientes.**
É importante seguir os procedimentos e ser organizado na cobrança de dívidas de clientes. Veja o próximo Segredo para saber mais sobre como cobrar dos clientes.

■ **Maximize o prazo de pagamento a fornecedores.**
Ampliar o prazo de pagamento a fornecedores não gera caixa, mas retarda as saídas. Muitas empresas usam o crédito com o fornecedor como fonte de financiamento. Clientes grandes, com poder de compra, são geralmente acusados de impor prazos de pagamento dilatados, que pressionam o fluxo de caixa das pequenas empresas. Créditos mais longos devem ser negociados, a fim de evitar problemas no futuro. As empresas dependem de seus fornecedores para manter suas operações. Assim, os prazos de pagamento devem ser sempre acordados previamente.

Libere o capital de giro para pagar obrigações de curto prazo.

fora de prazo! Luís percebeu que os 2% de desconto não eram suficientes como incentivo e que oferecer descontos a clientes que já pagavam em prazo maior foi encarado como desespero. Além disso, o custo para ele era de assustadores 44% ao ano (a.a.). Agora, Luís oferece o desconto apenas para alguns poucos clientes grandes e difíceis no momento do faturamento. E usa o cheque especial para ajudar no fluxo de caixa.

4.7

Cubra as dívidas de seus clientes

Essencialmente, uma empresa gera caixa através de seus clientes. A questão é: quanto tempo eles levarão para pagar? Alguns clientes pagam rápido; outros, mais lentamente; alguns, talvez nunca! Para cobrar de seus clientes é importante seguir procedimentos e ser organizado.

A maneira mais simples de evitar ter dinheiro preso em dívidas de clientes é insistir no pagamento à vista dos bens ou serviços fornecidos. Contudo, para ser competitivo e atrair clientes, muitas empresas não têm escolha a não ser oferecer crédito. Empresas que são obrigadas a oferecer crédito devem seguir estes procedimentos, conforme o caso:

- **Verifique a idoneidade do cliente.** Use uma empresa de análise e referência de crédito.
- **Formalize a negociação.** Ou, melhor ainda, redija um contrato que defina os prazos de pagamento. Pode-se incluir o recebimento de um sinal.
- **Confirme a entrega.** Quando necessário, as empresas devem emitir uma nota de entrega e obter autorização do cliente. Deve conter data, referências e o máximo possível de informações.

> **Minuto de reflexão** – Pense como seu cliente. Observe as técnicas usadas em seu próprio negócio a fim de maximizar os prazos de pagamento a fornecedores. Você é um fornecedor do seu cliente! Entenda as regras do jogo e use-as a seu favor.

> *"O pagamento das dívidas é necessário para a ordem social. Do mesmo modo, o não pagamento é necessário para ordem social."*

Simone Well, filósofa francesa

- **Evite entregas parciais.** É mais simples para os clientes conferir as entregas em relação a uma só fatura.
- **Fature imediatamente.** Emita as faturas na entrega ou imediatamente depois, já que os clientes receberão o crédito a partir da data da fatura. Faturamento imediato também reduz o risco de questionamentos.
- **Seja claro na fatura.** Inclua o máximo possível de referências, entre elas o número do pedido e informações sobre a entrega e sobre o cliente. Inclua ainda os dados de contato e a forma de pagamento. Informe claramente os prazos de pagamento.
- **Monitore.** Peça confirmação de recebimento das faturas. Elimine a desculpa infame do "extravio da fatura".
- **Seja organizado.** Mantenha uma lista das dívidas dos clientes que mostre claramente o prazo de recebimento e verifique-a regularmente. Esse recurso está incluído em muitos softwares de controle financeiro.
- **Mantenha a pressão sobre maus pagadores.** Mantenha um procedimento definido para clientes maus pagadores que se agrave a cada etapa. Por exemplo, envie e-mail; depois faça contato telefônico; em seguida, envie uma carta formal; por fim, uma notificação judicial.
- **Reduza o risco.** Considere pedir garantias ou recorra a serviços profissionais de cobrança.

O valor devido por clientes pode ter custo financeiro para a empresa e representa um risco de liquidez.

4.8

Faça previsões regulares de fluxo de caixa

Muitas empresas que sofrem dificuldades de caixa só percebem que estão com problemas quando já é muito tarde. Fazer previsões regulares e frequentes do fluxo de caixa é fundamental. Isso reduz o custo das deficiências e maximiza os benefícios dos excedentes de caixa.

As previsões de fluxo de caixa devem ser geradas com frequência e regularidade. Normalmente, são geradas todo mês. No entanto, algumas empresas as geram semanalmente ou mesmo a cada dia.

O extrato de um fluxo de caixa simples de quatro meses é apresentado a seguir. O objetivo é mostrar um fluxo de caixa mensal e o impacto sobre o saldo de caixa da empresa. O saldo de caixa corresponde à conta bancária da empresa. Normalmente, as entradas e saídas são listadas.

"Felicidade é um fluxo de caixa positivo."
Fred Adler, financista

Exemplo de previsão de fluxo de caixa

	Janeiro	Fevereiro	Março	Abril
	$	$	$	$
Entradas	10.000	12.000	15.000	14.000
Saídas	(7.000)	(18.500)	(10.500)	(10.000)
Fluxo de caixa líquido mensal	3.000	(6.500)	4.500	4.000
Saldo de caixa de abertura	1.000	4.000	(2.500)	2.000
Saldo de caixa de fechamento	4.000	(2.500)	2.000	6.000

Neste exemplo simples, janeiro, março e abril têm saldos de fechamento positivos, enquanto fevereiro está com previsão de saldo negativo.

As previsões de fluxo de caixa permitem que as empresas façam ajustes com antecedência em caso de deficiências de caixa. Os bancos geralmente oferecem condições mais favoráveis para empréstimos ou financiamentos planejados do que para aqueles não planejados. Do mesmo modo, as empresas são capazes de prever excedentes de caixa, os quais podem ser investidos em aplicações de curto prazo, conforme o caso.

Ao gerar uma previsão, as pequenas empresas devem ser prudentes. As receitas devem ser subestimadas, já que nem sempre os clientes pagam no prazo. As despesas devem ser superestimadas, para o caso de contas inesperadas. O fluxo de caixa deve representar sempre um cenário conservador. As previsões devem ser atualizadas frequentemente à medida que os eventos ocorrem.

As previsões de fluxo de caixa permitem que as empresas prevejam problemas e tomem uma providência antes que aconteçam.

Capítulo 5

Preparando orçamentos

Um orçamento é um planejamento operacional e financeiro. Neste capítulo, passarei pelas etapas de preparação e pelos principais tipos de orçamentos. As empresas dedicam bastante tempo e recursos aos orçamentos e apresentarei algumas técnicas alternativas que podem ajudar na sua preparação. Um ponto controverso acerca dos orçamentos é o nível de participação. Explicarei os prós e os contras de se permitir mais participação no processo.

5.1

Entendendo orçamentos

Muitas empresas produzem, a cada ano, um balanço patrimonial e uma demonstração de resultados orçados para os próximos doze meses. O orçamento deve detalhar os ativos, as obrigações, as receitas e as despesas.

Objetivo do orçamento

- O orçamento ajuda a integrar as diferentes atividades. Por exemplo, o departamento de vendas precisará conversar com o departamento de produção/compras sobre o volume de vendas esperado.
- Os orçamentos são coordenados de maneira centralizada para garantir a melhor alocação dos recursos por toda a empresa.
- O orçamento distribui responsabilidades. O orçamento geral é dividido em partes, que são distribuídas entre diferentes gerentes de orçamento. Cada gerente de orçamento está ciente dos objetivos da empresa e de sua contribuição para atingir esses objetivos.
- Definir metas orçamentárias para os gerentes de orçamento ajudará a empresa a controlar sua direção e também a avaliar o desempenho de cada gerente.

Estudo de caso – Teresa é diretora financeira de uma grande empresa de capital aberto. Ela sabe que a definição de metas ajuda a motivar os gerentes. Ao mesmo tempo, garante que os orçamentos sejam uma expectativa realista da produtividade, especialmente quando são comunicados aos investidores. A

- Em empresas de grande porte, o orçamento é usado para informar aos investidores a previsão de resultados econômicos e financeiros.

Objetivo do orçamento

Conforme o tamanho da empresa, os orçamentos são divididos em centros orçamentários, cada qual com um gerente responsável por definir e cumprir o orçamento de seu centro. Há vários níveis de responsabilidade dos gerentes:
- Normalmente, os gerentes de orçamento são responsáveis por centros de custos e apenas gerenciam os custos.
- Os centros de receitas – por exemplo, as equipes de vendas – são responsáveis por gerar receita.
- Os centros de lucros – por exemplo, as filiais de um grande varejista – são responsáveis tanto pelas receitas como pelos custos (basicamente a demonstração de resultados).
- Os centros de investimentos – por exemplo, as divisões semiautônomas de uma grande corporação – são responsáveis pelos lucros, bem como pelos ativos e obrigações (basicamente o balanço patrimonial e a demonstração de resultados).

Os orçamentos são usados principalmente para fins de planejamento da empresa e como ponto de referência (*benchmark*) para avaliação de seu desempenho real.

avaliação de mercado de sua empresa é afetada se os resultados econômicos e financeiros forem abaixo do estimado. Portanto, Teresa cria dois orçamentos: um que é comunicado publicamente e um que é usado para definição das metas internas e para mensuração do desempenho.

5.2

Siga as etapas de preparação de orçamentos

O "fator de limitação orçamentária" evita que a empresa ultrapasse certos níveis. Determinar esse fator é o primeiro passo na preparação do orçamento. Fatores de limitação típicos são: volume máximo de vendas; acesso a financiamentos; disponibilidade de fornecedores; capacidade de produção.

■ **Orçamento de vendas.** A previsão de vendas é uma estimativa de receita por produto ou serviço, geralmente detalhada por linha de produto (ou serviço), preço e volume. A previsão de vendas pode ser categorizada por departamento ou centro orçamentário. Trata-se

> **Minuto de reflexão** – Você está pensando em montar um orçamento utilizando um modelo de planilha criado por alguém? Isso pode ser arriscado, porque a planilha pode não incluir algum item de que você precise ou pode conter discrepâncias estruturais que não são claras. Outro problema comum está em usar modelos complexos de planilhas – especialmente aquelas com planilhas vinculadas e que relacionam muitos dados orçamentários. É melhor construir uma planilha personalizada desde o começo.

> *"Antes de realmente começar a definir metas financeiras, você precisa saber onde você está financeiramente."*
> **David Bach, autor norte-americano**

do primeiro orçamento a ser preparado, que será seguido por outros orçamentos, já que as vendas são o fator de limitação para a maioria das empresas.

■ **Orçamento de compras ou produção.** Estima a produção ou a necessidade de compras para cumprimento do orçamento de vendas, separado por centro orçamentário. Detalha as quantidades e os custos de cada produto ou serviço e deve guardar relação com os orçamentos de estoques e de vendas. Para as indústrias, esse orçamento prevê os níveis de produção e, relacionado com a capacidade produtiva, mostra as deficiências ou os excessos no período. As deficiências na produção podem ser evitadas por meio de horas extras ou terceirização.

■ **Outros orçamentos de custos.** São os orçamentos de custos como custos administrativos, de distribuição, de *marketing*, de viagens, geralmente separados por centros orçamentários.

■ **Orçamento de caixa.** O orçamento de caixa (ou previsão de fluxo de caixa) é uma previsão de entradas e saídas de caixa. O orçamento de caixa ajuda a empresa a antecipar os excedentes ou os déficits e foi abordado no Segredo 4.8.

O fator de limitação orçamentária define a ordem de preparação do orçamento.

5.3

Escolha a melhor maneira de fazer um orçamento

Várias empresas usam os tipos tradicionais de orçamento "estático" e "incremental". Entretanto, os tipos de orçamento "contínuo" e de "base zero" (OBZ) podem ser melhores opções.

Orçamento estático *versus* contínuo

Em geral, as empresas preparam um orçamento "fixo" para o ano financeiro seguinte. Esse processo é repetido anualmente e muitas empresas usarão o orçamento do ano anterior somando ou diminuindo algum montante para estimar o crescimento ou a retração dos negócios. No entanto, esses orçamentos estáticos representam um problema quando só resta a visibilidade de alguns meses à frente.

Por outro lado, os orçamentos contínuos são atualizados regularmente, adicionando-se um período extra (seja um mês ou um trimestre) quando termina o período anterior. Isso significa que a visibilidade futura é mantida porque o orçamento sempre se estenderá por pelo

Estudo de caso – Antônio implantou de maneira cíclica e com sucesso o OBZ em sua empresa de distribuição de bebidas. Anualmente, alguns de seus departamentos têm a oportunidade de orçar do zero. Esse método distribui, depois de alguns anos,

menos doze meses adiante. Cada atualização oferece uma oportunidade de revisão das previsões.

A maior desvantagem do uso de orçamentos contínuos é o esforço e o tempo percebidos e, portanto, o custo. Por isso é que os orçamentos contínuos são menos comuns que os orçamentos estáticos. As empresas que usam orçamentos contínuos, no entanto, veem vantagens significativas.

Orçamento de base zero *versus* incremental

O orçamento incremental é baseado no orçamento do período anterior com um percentual a mais ou a menos. Esse tipo é adequado quando as operações atuais são tão eficientes quanto possível. Contudo, na prática, a maioria dos orçamentos incrementais gera ineficiências que são perpetuadas.

Uma alternativa é o "orçamento de base zero" (OBZ), em que cada gerente prepara seu orçamento a partir de uma base zero. Cada item de despesa (ou de receita) deve ser justificado e classificado em ordem de prioridade. Os gerentes de orçamento recebem os recursos de acordo com essa prioridade. Eles não recebem automaticamente todas as suas solicitações, mas pelo menos recebem os recursos prioritários.

O OBZ ajuda a identificar e eliminar ineficiências e despesas desnecessárias. Uma desvantagem do OBZ é a sobrecarga administrativa. Além disso, o processo de priorização é subjetivo e difícil de averiguar.

Os tipos tradicionais de orçamento "estático" e "incremental" podem ser problemáticos.

o tempo e os recursos necessários para a prática efetiva do OBZ. Assim, supera-se sua maior desvantagem, que é a necessidade de tempo e de recursos. Também assegura que toda a empresa de Antônio tenha essa oportunidade em três a cinco anos.

5.4

Entenda o orçamento participativo

Orçamento *top down* (de cima para baixo) é aquele em que os orçamentos são impostos pela alta administração, o que assegura uma forte correlação entre o planejamento estratégico e o orçamento. Em geral, é a maneira mais rápida de se criar um orçamento. O orçamento *bottom up* (de baixo para cima) – ou participativo – usa informações fornecidas pelas pessoas envolvidas nas operações cotidianas.

O orçamento participativo pode gerar números e metas mais realistas, além de ser mais motivador do que o orçamento *top down*. Os empregados envolvidos irão se sentir mais comprometidos com o cumprimento de seus orçamentos.

Apesar das vantagens, o orçamento participativo demanda muito tempo e recursos. Há ainda os efeitos colaterais indesejáveis da participação.

■ **Orçamento como ferramenta de avaliação e de premiação.** Os orçamentos são excelentes ferramentas de avaliação, pois servem como medida de desempenho. Por isso a alta administração tem adotado tradicionalmente os orçamentos para avaliar desempenhos. Além disso, recompensas, como bônus ou promoções, são frequentemente associadas aos orçamentos como ferramenta exclusiva de avaliação de desempenho. No entanto, se os gerentes de orçamento estiverem cientes de que o desempenho será assim medido, isso afetará o comportamento deles. Haverá pouco incentivo para definição de metas desafiantes que possam levar a empresa ao crescimento. Haverá pouca motivação para qualquer coisa que não afete o cumprimento do orçamento em detrimento da empresa como um todo.

> *"Diga-me como você me avaliará e eu lhe direi como me comportarei."*
> **Dr. Eliyahu Goldratt, autor israelense**

■ **"Folga" ou "maquiagem" orçamentária.** Ocorre quando os gerentes de orçamento acrescentam contingências em seus orçamentos para que consigam cumprir ou superar as metas. Primeiro, em termos de planejamento de recursos, os custos superestimados podem levar a empresa a se comprometer em excesso com fornecedores, enquanto a receita subestimada pode resultar em não atendimento das demandas dos clientes. Segundo, a "folga" orçamentária leva a uma mentalidade "use ou perca", em que o dinheiro é desperdiçado em despesas não essenciais. Nessas condições, cumprir uma meta orçamentária significa apenas que os custos foram mantidos dentro de níveis aceitáveis de gastos ineficientes.

■ **Competição entre gerentes de orçamento.** Com frequência, o *status* de se ter o maior orçamento é motivo de orçamentos excessivos e ineficientes. Em vez de criar custos eficientes ou eliminar aqueles desnecessários, alguns gerentes de orçamento acreditam incorretamente que o tamanho de seus orçamentos está vinculado a seu *status* dentro da empresa.

Esteja ciente das consequências do orçamento participativo.

5.5

Calcule as variâncias do orçamento

Os resultados reais serão inevitavelmente diferentes daqueles previstos no orçamento. Os contadores chamam a diferença de "variância". Uma variância pode ser favorável (melhor que o previsto no orçamento) ou desfavorável (pior que o previsto no orçamento). Você deve monitorar as variâncias para avaliar o desempenho e tomar ações corretivas quando necessário.

O orçamento participativo pode gerar números e metas mais realistas, além de ser mais motivador do que o orçamento *top down*. Os empregados envolvidos irão se sentir mais comprometidos com o cumprimento de seus orçamentos.

Apesar das vantagens, o orçamento participativo demanda muito tempo e recursos. Há ainda os efeitos colaterais indesejáveis da participação.

■ **Variâncias significativas.** Para que as variâncias tenham sentido, não é adequado comparar o orçamento original diretamente com os resultados reais. Em vez disso, o orçamento deve ser "flexibilizado", para levar em conta as mudanças na atividade orçada. Um orçamento "flexibilizado" é aquele que retém os custos orçados por unidade, mas que foi atualizado para refletir os níveis reais de atividade. Ele demonstra quais seriam as receitas e os custos para os níveis reais de atividade. As variâncias devem ser calculadas entre o orçamento flexibilizado e os resultados reais.

■ Exemplo de variância e de orçamento flexibilizado.

Raquel gerencia o departamento de compras. Seu orçamento original era de $ 16 mil. As compras reais foram de $ 16.800. Logo, sob um primeiro olhar, ela parece ter ultrapassado o orçamento em $ 800. Entretanto, a análise atenta revela que as vendas reais da empresa foram de 1.200 unidades, contra a estimativa original de mil unidades. Ao flexibilizar o orçamento para o volume real de atividade, vemos que, de fato, houve uma variância favorável de $ 2.400, como ilustrado abaixo:

	Orçamento original	Orçamento flexibilizado	Resultados reais	Variância	
Unidades vendidas	1.000	1.200	1.200		
Custo por unidade – depto. de compras	$ 16	$ 16	$ 14		
Total das compras	$ 16.000	$ 19.200	$ 16.800	$2.400	Favorável

■ Gerenciamento por exceção.

Em geral, não é prático examinar cada variância individual no orçamento. Concentrar-se somente nas variâncias acima de determinado limite permite que os administradores conheçam as que são mais importantes.

Um limite possível é analisar todas as variâncias que estejam acima de um percentual definido (digamos, 5%) em relação ao orçamento. No entanto, na prática, uma variância de 5% em um pequeno orçamento pode ser insignificante e não justificar uma análise. Do mesmo modo, 5% de um item de alto valor pode ser significativo e exigir investigação. Por outro lado, usar um limite absoluto (digamos, qualquer valor acima de $ 1 mil) pode fazer com que não sejam consideradas pequenas variâncias que representem um alto percentual do orçamento. Portanto, é interessante considerar tanto a variância relativa como a absoluta. Por exemplo, usar as variâncias acima de 5% e $ 1.000, com o alerta adicional de que qualquer variância acima de 50% será analisada, independentemente do valor.

Monitore as variâncias significativas entre o orçamento e os resultados reais.

5.6

Monitore os orçamentos de maneira efetiva

Muitas empresas possuem sofisticados sistemas orçamentários, mas que são ineficazes, uma vez que os orçamentos não são monitorados adequadamente. Algumas mudanças simples podem fazer grande diferença no processo como um todo.

■ **Fatores controláveis e atribuíveis.** A alta administração precisará avaliar tanto o desempenho dos gerentes de orçamento como o das áreas ou departamentos pelos quais os gerentes são responsáveis. Tomando-se o exemplo de um centro de custos, o orçamento deve ser monitorado como ilustrado abaixo:

Custos controláveis	A
Custos não controláveis, mas atribuíveis	B
Custos departamentais	A + B
Custos não atribuíveis	C
Custos totais	A + B + C

■ O gerente deve ser avaliado somente pelos custos que estão sob seu controle (A).

■ O departamento deve ser avaliado pelos custos controláveis mais os atribuíveis (A+B). Exemplos de custos não controláveis, porém atribuíveis: salário do gerente de orçamento; aluguel (se negociado de modo centralizado).

■ Os custos totais (A+B+C) incluem os custos não atribuíveis (C) e serão usados nas demonstrações financeiras. Exemplo de custo não atribuível: despesas alocadas da sede da empresa.

"... e o fracasso não foi por falha minha, mas por falha dos outros."

Davy Crockett, herói popular norte-americano do séc. 19

■ **Indicadores não financeiros de desempenho.** Estas medidas, como a produtividade, a qualidade e a opinião do cliente, são necessárias para dar uma visão completa do desempenho da empresa. Assim, os indicadores financeiros de desempenho, como os orçamentos, devem ser confrontados com os indicadores não financeiros.

■ **Periodicidade dos relatórios.** Em um ambiente empresarial dinâmico e com alto volume de transações, é difícil recapitular eventos detalhados. Desse modo, os relatórios orçamentários devem ser produzidos logo após o término do período e de forma assídua. Isso também facilita a tomada de ações corretivas necessárias.

■ **Prognósticos.** Em geral, os relatórios orçamentários são concentrados somente em eventos passados. As empresas precisam tanto de dados do passado como de dados sobre o futuro. Portanto, devem ser incluídos prognósticos nos relatórios orçamentários.

■ **A importância da apresentação.** A apresentação efetiva dos relatórios orçamentários pode facilitar o seu uso e torná-los mais acessíveis aos gerentes de orçamento.

Use esses métodos estabelecidos para monitorar e apresentar seus orçamentos.

> **Minuto de reflexão** – Experimente um sistema de "sinal de trânsito" para monitorar seu orçamento: o "Sinal Verde" indicaria "de acordo com o orçamento"; o "Sinal Amarelo", pequena variância em relação ao orçamento; o "Sinal Vermelho", variância significativa em relação ao orçamento – investigar.

Capítulo 6

Avaliando oportunidades de negócios

Uma empresa pode ser avaliada pela qualidade de suas decisões. Neste capítulo, abordo o processo de tomada de decisões em oportunidades de investimento. Um dos desafios de administrar um negócio é o de identificar oportunidades de investimento. Outro desafio é decidir comprometer recursos limitados e dinheiro nessas oportunidades. Existem várias ferramentas de análise financeira de custo-benefício para nos ajudar com isso.

6.1

Concentre-se nos custos relevantes

Uma análise financeira de custo-benefício deve ser efetuada na avaliação de um potencial investimento. Como oportunidades de investimento típicas, temos projetos (por exemplo, o lançamento de um novo produto) e investimentos de capital (por exemplo, um novo ativo de longo prazo). O conceito de fluxos de caixa relevantes é fundamental para todas as decisões de investimento.

Somente as receitas e os custos relevantes que serão afetados ou que podem afetar uma decisão devem ser incluídos na avaliação de uma oportunidade de investimento. As consequências financeiras relevantes para avaliação são especificamente os futuros fluxos de caixa incrementais advindos da oportunidade considerada.

■ **Fluxos de caixa relevantes.** Como abordado no Segredo 2.7, o lucro contábil de curto prazo não é a mesma coisa que caixa em virtude de diferenças de tempo. Portanto, somente fluxos de caixa relevantes devem ser usados na avaliação do investimento. Itens não financeiros usados para calcular o lucro contábil, por exemplo, a depreciação, devem ser excluídos.

■ **Fluxos de caixa incrementais.** Somente os fluxos de caixa incrementais (isto é, aqueles que serão alterados em função da decisão a ser tomada) devem ser usados na avaliação do investimento.

Exemplo 1: É zero o custo incremental de usar um funcionário que esteja com capacidade ociosa em uma oportunidade potencial. O funcionário já recebe o salário quer trabalhe ou não na oportunidade.

Exemplo 2: Se a empresa puder vender um novo produto em sua loja alugada atual, a parcela do aluguel, normalmente incluída nos produtos, deve ser ignorada para fins de decisão do investimento, já que o valor total do aluguel da empresa continuará o mesmo.

Contudo, se for preciso alugar uma nova loja, então o aluguel adicional será um fluxo de caixa relevante, uma vez que é incremental.

■ **Fluxos de caixa futuros.** Somente fluxos de caixa futuros devem ser usados na avaliação do investimento. Quaisquer fluxos de caixa passados (ou "empatados", "afundados", chamados *sunk costs*) devem ser ignorados por não serem incrementais. Por exemplo, se a empresa faz uma pesquisa para analisar uma oportunidade de investimento potencial, o dinheiro gasto na pesquisa é irrecuperável e não deve ter impacto sobre a decisão de investimento, uma vez que já foi "empatado". *Sunk costs* ou custos empatados são fluxos de caixa comprometidos. Um fluxo de caixa comprometido, tal como o compromisso futuro de pagamento de uma dívida passada, ocorrerá independentemente de qualquer decisão tomada agora e, portanto, não deve entrar em nenhuma avaliação.

Certifique-se de quais são as receitas e os custos relevantes ao fazer uma avaliação de investimento.

6.2

Avalie se uma oportunidade oferece retorno

Payback é uma técnica simples usada por muitas empresas para avaliar oportunidades de investimento, especialmente como método de análise inicial. Entretanto, apesar de suas vantagens e atratividade natural, há riscos no uso do *payback* e você não deve confiar apenas nessa técnica.

De maneira simples, o *payback* responde à pergunta: "quando meu dinheiro vai retornar?" Para oportunidades de investimento com um retorno anual constante, o *payback* pode ser calculado rápida e facilmente. Por exemplo, um investimento de $ 1 milhão que projete geração de retornos anuais líquidos de $ 250 mil de caixa deve retornar em quatro anos.

Para oportunidades de investimento com retornos anuais variáveis, o *payback* pode ser calculado por meio do fluxo de caixa anual acumulado. O ponto de *payback* é atingido quando o fluxo de caixa muda de negativo para positivo. As empresas gostam dessa técnica porque:

■ É rápida e simples de calcular e, portanto, fácil de entender. É útil para a análise dos prós e contras de uma possível oportunidade de investimento.

■ Fornece um indicador intuitivo de risco. Quanto mais longo o período de *payback*, maior o risco.

■ O foco está na geração de caixa, o que pode ser essencial para a saúde da empresa.

Ao usar a técnica do *payback*, você deve saber que os retornos totais e os fluxos de caixa após o período do *payback* não são considerados. Por exemplo, vejamos estes investimentos hipotéticos:

■ O investimento A tem dois anos de retornos de caixa e atinge seu ponto de *payback* no fim do segundo ano. No conjunto, ele se equilibra (desprezando-se aqui o valor do dinheiro no tempo).

■ O investimento B tem dez anos de retornos de caixa e atinge seu ponto de *payback* no fim do terceiro ano. Os sete anos subsequentes de retornos de caixa garantem um retorno positivo durante a vida do investimento.

A técnica do *payback* sugeriria que o investimento A é melhor porque seu *payback* é mais rápido. No entanto, o investimento B tem um retorno total maior e pode ser a melhor opção.

■ Qual é a meta? O *payback* é apenas um indicador, não uma recomendação. Um período aceitável de *payback* para uma empresa pode ser diferente para outra devido às suas respectivas posições financeiras.

■ A técnica do *payback* pode ser aperfeiçoada considerando-se o valor do dinheiro no tempo. Abordaremos esse tópico no Segredo 6.4.

Use a técnica do *payback* para obter uma ideia aproximada do valor de um investimento.

6.3

Calcule o retorno sobre o investimento

Um rendimento percentual ou ROI (*Return on Investment* – "Retorno sobre o Investimento") é um dos indicadores mais conhecidos para avaliação de uma oportunidade de investimento. Usado por administradores e investidores, o ROI expressa os lucros de um investimento como percentual do capital investido.

■ **Calculando o ROI.** Há vários métodos de cálculo do ROI. O mais simples tem este formato:

$$\text{ROI \%} = \frac{\text{lucro}}{\text{investimento}} \times 100\%$$

Onde "lucro" é o lucro possibilitado pelo investimento; "investimento" é o capital investido. Os outros métodos usam definições diferentes de "lucro" e de "investimento".

Por exemplo, uma oportunidade de investimento que exija uma antecipação de capital de $ 1 milhão e projete geração anual de lucros de $ 50 mil tem ROI de 5% a.a.

Um método consistente deve ser usado na comparação de diferentes oportunidades de investimento.

> **"Sabemos que existe um retorno sobre o investimento. De outro modo, não estaríamos investindo (...)"**
>
> Jim Sluzewski, porta-voz da loja de departamentos Macy's

As empresas gostam do ROI porque:
- É rápido e simples de calcular.
- É fácil de entender, especialmente por ser um indicador relativo (percentual). É útil para a análise dos prós e contras de uma oportunidade potencial de investimento.
- É bastante usado por investidores e analistas para avaliar negócios como um todo. O uso dessa técnica para avaliar investimentos individuais ajuda a empresa a se alinhar com os objetivos dos investidores.

Ao usar o ROI, saiba que:
- Ele usa lucros contábeis, não fluxos de caixa. Estes devem ser usados para avaliar oportunidades de investimento de maneira mais efetiva.
- O percentual do ROI pode ser enganoso na avaliação de investimentos de diferentes tamanhos. Por exemplo, um ROI de 5% sobre um investimento de $ 1 milhão pode ser melhor que um ROI de 10% sobre um investimento de $ 400 mil.
- A decisão de aceitar uma oportunidade de investimento depende, entre outros fatores, do ROI superar a meta da empresa. A definição de uma meta de ROI é subjetiva.
- Não há um método consistente de ROI. Assim, o que é aceitável para uma empresa pode não ser para outra.
- O tempo dos fluxos de caixa não é levado em conta durante a vida do investimento. Veja o Segredo 6.4.

O indicador ROI é bastante usado, mas não confie somente nesse método.

6.4

Entenda o valor do dinheiro no tempo

As empresas investem em oportunidades presentes mediante o retorno de fluxos de caixa futuros. Entretanto, os fluxos de caixa valem mais hoje do que valem no futuro. Esse conceito é entendido como o valor do dinheiro no tempo.

Primeiro, façamos a pergunta: por que, para uma empresa, o dinheiro vale mais no presente do que no futuro? O dinheiro comprometido em investimentos é genericamente um "custo" para a empresa por causa dos seguintes fatores:

■ A empresa poderia ganhar juros sobre o dinheiro se o mantivesse no banco.

■ A empresa pagará juros se tiver de fazer um empréstimo para o investimento.

> **Minuto de reflexão** – Use uma fórmula simples em uma planilha para prever os fluxos de caixa futuros de uma oportunidade de investimento. Cada fluxo de caixa futuro deverá ser "descontado" usando-se uma taxa para se chegar ao seu valor presente. A oportunidade de investimento como um todo poderá, então, ser avaliada em termos de valor presente. Se todos os investimentos forem trazidos a esses termos, eles poderão ser efetivamente comparados em uma base de similaridade.

- A inflação corrói o valor dos fluxos de caixa futuros em relação ao seu valor atual.
- A empresa poderia ter melhores retornos em outras oportunidades de investimentos.
- Até que o dinheiro do investimento seja efetivamente recebido, há um risco de não recebimento ou de o valor recebido ser menor que o esperado.

"O maior valor do dinheiro está no fato de que vivemos em um mundo onde ele é superestimado."

Henry Louis Mencken, jornalista norte-americano

Esse custo é conhecido como "custo de capital". Um bom ponto de partida para atribuir um valor a esse custo é o nível de retorno exigido pelos investidores da empresa, como os bancos ou os sócios.

Digamos que o custo de capital (ou o retorno exigido pelos investidores) seja de 10% ao ano. Isso significa que $ 100 investidos deverão gerar pelo menos $ 10 ao ano, chegando a $ 110 no período, a fim de satisfazer aos investidores. Olhando de outra maneira, se o custo de capital é de 10%, receber $ 110 no período de um ano é, em termos monetários, o equivalente a receber $ 100 agora.

Calcular o valor do dinheiro no tempo significa essencialmente descontar fluxos de caixa futuros a valor presente, isto é, quanto eles valem agora *versus* quanto eles supostamente valem no futuro.

Fluxos de caixa valem mais no presente do que no futuro.

6.5

Use VPL e TIR para avaliar investimentos

As duas técnicas de análise de investimentos mais usadas são o valor presente líquido (VPL) e a taxa interna de retorno (TIR). As duas usam fluxos de caixa e empregam o conceito do valor do dinheiro no tempo.

■ **Valor presente líquido.** O diagrama abaixo ilustra a técnica do VPL. Uma oportunidade de investimento típica consiste em uma saída de caixa seguida por uma série de entradas de caixa.

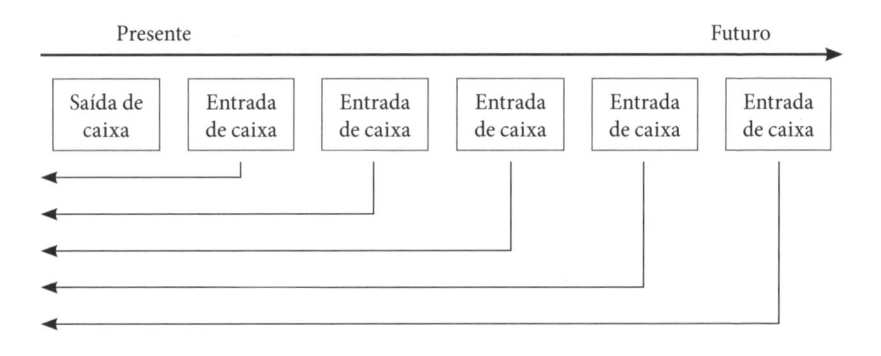

Presente						Futuro
Saída de caixa	Entrada de caixa	Entrada de caixa	Entrada de caixa	Entrada de caixa	Entrada de caixa	Entrada de caixa

Cada entrada futura de caixa é "descontada" a valor presente a uma taxa. As entradas e saídas de caixa são, então, comparadas em uma base de similaridade.

> **Minuto de reflexão** – Você está indeciso entre usar VPL ou TIR? Bem, na prática a maioria das empresas utiliza as duas técnicas e, para a maioria das oportunidades de investimento, o VPL e a TIR levarão à mesma decisão. No entanto, há circunstâncias em que elas produzem resultados diferentes, e é necessário buscar aconselhamento profissional.

Quando as entradas de caixa superam as saídas, há um VPL positivo. Como as entradas futuras são "descontadas" ao "custo de capital" da empresa (veja o Segredo 6.4), temos que a oportunidade de investimento supera a taxa de retorno exigida pela empresa sendo, provavelmente, vantajosa.

Quando as saídas de caixa excedem as entradas, há um VPL negativo. Isso significa que a oportunidade de investimento gera um retorno inferior àquele exigido pelos investidores e provavelmente não seja vantajoso.

Para resumir: o VPL compara o valor presente das entradas de caixa com o valor presente das saídas de caixa.

■ **Taxa interna de retorno.** A TIR é calculada com metodologia semelhante à do VPL. É, de fato, um indicador de ROI (Segredo 6.3) mais preciso, pois reconhece o valor do dinheiro no tempo e utiliza fluxos de caixa. A TIR informa um retorno percentual para a oportunidade de investimento antes dos custos de financiamento. Por exemplo, se a TIR (ou rendimento anual) de uma oportunidade de investimento é 15%, o investimento será lucrativo se a empresa puder obter um financiamento a custo inferior a 15%.

O VPL e a TIR ajudam na avaliação e na decisão de investimentos.

Capítulo 7
Medindo o desempenho da empresa

O sucesso da empresa pode ser medido por indicadores. A maior parte deste capítulo mostra como indicadores econômicos e financeiros de desempenho podem facilitar a sua mensuração. Em especial, apresento a lucratividade; a solvência de curto prazo e a liquidez; a solvência de longo prazo e a estabilidade; e os indicadores para o investidor. Concluo o livro descrevendo as técnicas usadas para estimar o valor de uma empresa.

7.1

Avalie a empresa usando indicadores

A análise de indicadores é uma ferramenta bastante usada para mensurar o desempenho das empresas. Existem diferentes grupos de públicos que precisam de informações sobre o desempenho da empresa. Consulte o Segredo 2.10 para saber quem são esses públicos e quais as suas necessidades.

O sucesso empresarial pode ser definido como "o alcance dos objetivos da empresa". Mensurar o sucesso dependerá, portanto, dos objetivos da empresa. Para a maioria dos negócios, esse objetivo é o lucro.

Os indicadores financeiros de desempenho, abordados nestes próximos Segredos, facilitam a mensuração do desempenho em relação a outras empresas e à própria empresa em períodos distintos. Observe que esses indicadores não têm sentido isoladamente e devem ser analisados em comparação com uma referência ou *benchmark*, por exemplo:

- O ano anterior
- O orçamento (veja o capítulo 5)
- Um departamento ou divisão interna
- Um concorrente

Deve-se atentar para que a comparação seja entre indicadores similares. Haverá diferenças naturais conforme o tipo da empresa, seu tamanho, tempo de atividade e a indústria em que opera. Além disso, deve-se considerar o período da comparação. Em geral, os indicadores variam no curto prazo; assim, aconselha-se um período de médio a longo prazo para a comparação.

"É muito mais difícil mensurar o não desempenho do que o desempenho."

Harold S. Geneen, ex-presidente da ITT Industries

■ **Limitação dos indicadores.** Os indicadores não fornecem respostas para todas as perguntas e sua interpretação pode ser subjetiva. Trata-se de parâmetros úteis para o desempenho empresarial, mas é apenas um ponto de partida para uma análise mais completa. Geralmente são calculados com base no histórico de informações econômicas e financeiras que podem incluir conjecturas e estimativas.

■ **Outros indicadores de sucesso.** Um conjunto de informações apresentará melhor a visão geral da empresa. Entre essas informações, estão aquelas registradas nos relatórios anuais da empresa (no caso de empresas de capital aberto): o tempo de atividade e a natureza do negócio, qualquer mudança recente na atividade, como novos produtos ou um novo mercado e qualquer mudança na indústria em que a empresa opera, bem como na economia em geral.

■ **Indicadores não financeiros de desempenho.** Entre eles, estão: participação no mercado (*market share*); fidelidade do cliente; produtividade; qualidade; e investimentos em pesquisa e desenvolvimento. Os indicadores não financeiros devem ser usados em conjunto com os indicadores econômicos e financeiros, a fim de proporcionar uma visão mais ponderada da empresa.

Fluxos de caixa valem mais no presente do que no futuro.

7.2

Mensure a lucratividade

A empresa de maior lucro não é necessariamente a de melhor desempenho. O lucro deve ser mensurado em relação ao volume de investimento exigido para atingir aquele nível de lucro. Portanto, o melhor indicador de lucratividade possivelmente é o "retorno sobre o investimento".

■ Medindo o "retorno".

Margem bruta de lucro (ou margem de vendas):

$$\text{Margem bruta de lucro \%} = \frac{\text{Lucro bruto}}{\text{Receita}} \times 100\%$$

Essa fórmula calcula a margem sobre os custos diretos. Uma margem de vendas relativamente alta demonstra a capacidade que a empresa tem de cobrar preços elevados ou de controlar custos de produção. É útil na comparação com empresas similares ou do mesmo ramo.

Margem bruta de lucro (ou margem de vendas):

$$\text{Margem líquida de lucro \%} = \frac{\text{Lucro operacional}}{\text{Receita}} \times 100\%$$

É semelhante à margem de vendas, porém leva em conta as despesas operacionais. A margem líquida de lucro mede a capacidade de controlar gastos. O lucro operacional é preferível a outros lucros, já que exclui despesas financeiras e tributos sobre o lucro, que podem variar conforme o tipo de empresa e tempo de atividade

■ **Medindo o "investimento".** A definição mais comum de "investimento" é "capital empregado", que é o capital social mais as obrigações de longo prazo (ou, de outra forma, os ativos totais menos as obrigações de curto prazo). O capital empregado é, de fato, o montante investido na empresa pelos sócios e pelos credores.

$$\text{Rendimento dos ativos (vezes)} = \frac{\text{Receita anual}}{\text{Capital empregado}}$$

Mostra o desempenho dos recursos investidos na empresa (ou seja, nos ativos) para gerar vendas. Mede o volume de receita gerado sobre cada \$ 1 investido. O indicador de rendimento dos ativos demonstra o número de vezes que os ativos geraram seu valor em termos de receita a cada ano. Algumas vezes, é citado como indicador de atividade. Um indicador de rendimento relativamente alto pode sinalizar uso eficiente dos ativos, embora a medida seja sensível à avaliação destes.

■ **Medindo o retorno sobre o investimento/capital empregado.** O ROI possui muitas variantes, sendo estas as mais comuns: ROCE (*Return on Capital Employed* – Retorno sobre o Capital Empregado); RONA (*Return on Net Assets* – Retorno sobre os Ativos Líquidos); ROTA (*Return on Total Assets* – Retorno sobre os Ativos Totais); e ARR (*Accounting rate of Return* – taxa de retorno contábil). Essencialmente eles estão medindo a mesma coisa: lucro como um percentual do investimento exigido para atingir aquele lucro. O ROI também é usado na avaliação interna de investimentos (veja o Segredo 6.3).

$$\text{ROCE} = \text{Margem líquida de lucro} \times \text{Rendimento dos ativos}$$

$$\text{ROCE} = \frac{\text{Lucro operacional}}{\text{Receita}} \times \frac{\text{Receita}}{\text{Capital empregado}}$$

Analisar a margem líquida de lucro ou o rendimento dos ativos ajuda a explicar um ROCE alto ou baixo.

O lucro deve ser mensurado em relação ao volume de capital empregado.

7.3

Mensure a solvência de curto prazo e a liquidez

A solvência de curto prazo é a capacidade de atender às obrigações de curto prazo com os ativos líquidos. Os ativos líquidos compreendem o dinheiro em depósitos de curto prazo e os recebíveis, mas não os estoques, que não podem ser convertidos rapidamente em caixa.

- **Liquidez *versus* lucratividade.** Como abordado no Segredo 4.1, no curto prazo a liquidez é mais importante para a estabilidade financeira do que a lucratividade. O caixa gerado pelas atividades operacionais é a principal fonte de receita líquida, como apresentado na demonstração de fluxos de caixa (Segredo 2.7). Pode haver outras prioridades para os recursos provenientes das atividades operacionais. Assim, é importante ter ativos líquidos suficientes para atender às obrigações de curto prazo.
- **Fluxo de caixa.** O ciclo de caixa é o tempo decorrido entre o pagamento por insumos e o recebimento de recursos das vendas (abordado nos Segredos 4.3 e 4.4). Trata-se de um indicador útil do tempo de geração de caixa. As previsões de fluxo de caixa permitem que as empresas antecipem e solucionem problemas de liquidez antes que estes ocorram (Segredo 4.8). É um dos indicadores mais importantes da solvência futura.
- **Liquidez corrente.** É o teste padrão de solvência de curto prazo e simplesmente mensura se a empresa pode atender ao seu passivo circulante com seu ativo circulante. Dependendo do tipo da empresa, a

liquidez corrente deve ser em geral superior a 1, conforme a velocidade de giro dos estoques.

$$\text{Liquidez corrente} = \frac{\text{Ativo circulante}}{\text{Passivo circulante}}$$

■ **Liquidez seca.** Trata-se de índice de solvência de curto prazo mais confiável, uma vez que, para muitas empresas, os estoques não são facilmente convertíveis em caixa. Esse índice geralmente deve estar próximo de 1, variando para cima ou para baixo dependendo do tipo de empresa, conforme exemplos a seguir.

$$\text{Liquidez seca} = \frac{\text{Ativo circulante} - \text{estoques}}{\text{Passivo circulante}}$$

Interpretando os índices de liquidez

Não interprete os índices de liquidez corrente e de liquidez seca de modo muito literal. Diferentes tipos de empresa operam de maneiras diferentes. Índices baixos não são sempre indicadores de risco de insolvência e índices altos não são sempre sinal de boa saúde financeira.

■ **Índices baixos.** Por exemplo, um varejista de grande volume, como um supermercado, pode ter boa liquidez, porém índices de liquidez corrente e de liquidez seca muito baixos. Os supermercados têm estoques relativamente baixos, já que seus produtos são em maioria perecíveis e o giro é rápido. Eles têm poucos recebíveis, pois os clientes pagam em dinheiro. Além disso, seu poder de compra resulta em prazos de pagamento alongados. Portanto, nesse contexto, eles têm ativo circulante relativamente baixo e passivo circulante relativamente alto.

■ **Índices altos.** Uma empresa mal gerenciada, com estoques que demoram a ser vendidos e com muitos recebíveis em aberto, pode ter altos índices de liquidez corrente e liquidez seca.

Solvência de curto prazo é a capacidade de pagar dívidas de curto prazo com ativos líquidos.

7.4

Mensure a solvência de longo prazo e a estabilidade

Os índices de solvência de longo prazo mensuram o risco da empresa diante do volume de dívidas. Os juros de dívidas devem ser pagos independentemente da geração de caixa ou de lucros. Consequentemente, o montante de lucro que poderia ser reinvestido ou pago como dividendos é diluído. Uma carga excessiva de dívidas restringirá a capacidade da empresa para levantar financiamentos.

■ **Índice de alavancagem.** É a medida dos compromissos financeiros de longo prazo (ou estrutura de capital) da empresa. Em essência, é a proporção entre o endividamento da empresa e seu capital próprio.

$$\text{Índice de alavancagem} = \frac{\text{Dívidas com juros} - \text{Caixa}}{\text{Capital próprio 1 (dívidas com juros} - \text{Caixa)}} \times 100\%$$

A proporção ideal depende da natureza do negócio e do cenário econômico. Na prática, muitas empresas têm índices de alavancagem inferiores a 50%. Quanto maior a alavancagem, maiores os riscos de diluição dos ganhos e a suscetibilidade a mudanças nas taxas de juros.

■ **Índice de endividamento.** Mede a capacidade de a empresa atender às suas obrigações no longo prazo. É a medida de "segurança" para os financistas. O índice deve ser, é claro, menor que 100% e muitos dizem que deve se situar abaixo de 50%.

$$\text{Índice de endividamento} = \frac{\text{Dívidas totais (passivo circulante e não circulante)}}{\text{Ativos totais (ativo circulante e não circulante)}} \times 100\%$$

O risco imposto por altos índices de alavancagem e de endividamento pode ser mitigado por um alto índice de cobertura de juros.

■ **Cobertura de juros.** Indica quantas vezes a empresa pode pagar suas despesas de juros (ou despesas financeiras) com seu lucro operacional (ou lucro antes de juros e impostos). Idealmente, a empresa deve ser capaz de cobrir os juros pelo menos duas ou mais vezes.

$$\text{Cobertura de juros (vezes)} = \frac{\text{Lucro operacional}}{\text{Despesas financeiras}}$$

A capacidade de pagar as dívidas é uma medida de risco para credores, acionistas e para o próprio negócio.

■ **Endividamento em relação ao EBITDA.** Embora não seja um indicador tradicional da solvência de longo prazo, o índice de endividamento sobre o EBITDA vem sendo bastante utilizado pelos bancos como indicador de alavancagem.

$$\text{Endividamento sobre o EBITDA (vezes)} = \frac{\text{Dívidas com juros} - \text{Caixa}}{\text{EBITDA}}$$

Normalmente, os bancos emprestam dinheiro para empresas com índice de cinco vezes sobre o lucro. O caixa gerado pela operação (veja o Segredo 2.7) pode ser substituído pelo EBITDA (veja o Segredo 3.2).

Use os índices de alavancagem e de endividamento para calcular os níveis de risco de longo prazo.

7.5

Calcule os índices do investidor

Os índices do investidor são usados por acionistas e potenciais investidores da maioria das empresas de capital aberto. Esses índices podem ser obtidos ou calculados a qualquer tempo com base em informações públicas.

■ **EPS (*Earnings per share* – Lucro por ação).** É um dado estatístico de lucratividade bastante usado por analistas financeiros. O "lucro passível de distribuição" é o lucro líquido final atribuível aos acionistas depois que todos os outros custos foram deduzidos. Muitos pacotes de remuneração são vinculados ao crescimento do lucro por ação.

$$\text{Lucro por ação} = \frac{\text{Lucro passível de distribuição}}{\text{Número de ações emitidas}}$$

■ **Índice preço/lucro (P/L).** Esse índice aplica-se a empresas de capital aberto e é um indicador fundamental de valor para os investidores. Um índice P/L de 10 significa que os investidores estão dispostos a pagar 10 vezes o lucro por ação do ano anterior. Geralmente, quanto maior o índice P/L, maior a perspectiva de crescimento percebida pelos investidores.

$$\text{Índice P/L} = \frac{\text{Preço da ação}}{\text{Lucro por ação}}$$

> **Minuto de reflexão** – As informações públicas estão prontamente disponíveis para investidores. Procure: o relatório anual publicado com as demonstrações contábeis das empresas de capital aberto, relatórios de analistas e artigos em jornais de negócios ou na mídia especializada em finanças.

■ **Rendimento de dividendos.** Mede o valor pago aos acionistas na forma de dividendos. Deve ser comparado com o crescimento de capital para mensurar o retorno geral aos acionistas.

$$\text{Rendimento de dividendos} = \frac{\text{Dividendos por ação}}{\text{Lucro por ação}}$$

Empresas maduras tendem a oferecer um rendimento de dividendos maior que o das empresas jovens, já que estas reinvestem a maioria de seus lucros. Investidores que buscam investimentos de alta renda escolhem empresas com alto rendimento de dividendos.

■ **Cobertura de dividendos.** Índice com princípio similar ao de "cobertura de juros" (abordado no Segredo 7.4). Indica quantas vezes a empresa pode pagar seus dividendos com seus lucros. É usado como medida de risco dos dividendos.

$$\text{Cobertura de dividendos} = \frac{\text{Lucro por ação}}{\text{Dividendos por ação}}$$

Também indica a proporção entre os lucros retidos na empresa e o que foi pago como dividendos. Por exemplo, uma cobertura de dividendos de três vezes demonstra que a empresa pagou um terço de seus lucros aos acionistas e que reteve dois terços. A reserva de lucros é uma fonte importante de financiamento (veja o Segredo 1.2) e, portanto, a cobertura de dividendos geralmente é elevada.

Use os índices do investidor para avaliar se os objetivos da empresa estão alinhados com os objetivos dos investidores.

7.6

Estime o valor da empresa

A medida definitiva do sucesso acumulado de uma empresa é o seu valor. Avaliar uma empresa é uma arte e existem várias técnicas que podem produzir diferentes valorações para o mesmo negócio.

■ **DCF (*Discounted cash flows* – Fluxos de caixa descontados).**

Avaliação = Valor presente dos fluxos de caixa futuros estimados

Pode-se dizer que esse é o método mais preciso de avaliação, porém ele depende do acesso a informações e da qualidade das estimativas utilizadas. Veja o Segredo 6.4, que explica sobre o valor presente.

■ **Avaliação por múltiplos.**

Avaliação = "renda" × múltiplo

Os índices de preço/lucro (P/L) são múltiplos para avaliação de empresas de capital aberto. O múltiplo P/L médio de longo prazo para empresas de capital aberto deve ser em torno de 15. Isso significa que as avaliações são em média 15 vezes os ganhos (ou lucros). Observe que os índices P/L variam bastante conforme a economia e entre empresas, mercados e países. Empresas de capital fechado podem usar um índice P/L de uma empresa de capital aberto similar e reduzir este índice para uma valoração aproximada. Os múltiplos de receitas representam alternativa aos múltiplos de lucros e normalmente usam o índice preço/vendas. São úteis para empresas com lucros variáveis ou mesmo prejuízos, uma vez que as receitas podem ser mais estáveis.

■ Avaliação baseada nos ativos.

Avaliação = Valor líquido dos ativos

Este método é uma referência mínima do valor da empresa. O valor líquido dos ativos no balanço (Segredo 2.5) é geralmente baseado nos custos históricos, os quais não refletem de forma geral o crescimento potencial futuro da empresa.

■ Avaliando a empresa para venda.

Raramente, as avaliações são o preço real pago por um comprador no caso de venda do negócio. Os valores encontrados são usados por compradores e vendedores simplesmente como um ponto de partida para as negociações. Outros fatores afetam o valor:

- ■ As motivações estratégicas para comprar ou vender.
- ■ O número de ofertas concorrentes de compra ou de venda.
- ■ As habilidades de negociação tanto dos compradores como dos vendedores.
- ■ O momento econômico.
- ■ Se o preço de compra será pago em dinheiro ou em ações.
- ■ A opinião dos diferentes proprietários – se todos concordam com a venda.
- ■ Se a avaliação é de todo o negócio ou de parte dele.

Essencialmente, uma empresa vale o que alguém paga por ela!

Índice de jargões

Ativos circulantes
Ativos que podem ser utilizados pela empresa no curto prazo, geralmente em menos de um ano, a depender do ciclo operacional da empresa. Trata-se de ativos que são comercializados ou que têm maior liquidez.

Ativos fixos
Ativos que sejam um item "fixo" na empresa, em geral por mais de um ano, sendo de uso contínuo no negócio. São também chamados de ativos de longo prazo ou de ativos não circulantes.

Ativos intangíveis
Recursos incorpóreos, não físicos, de longo prazo, e direitos que a empresa tem, como marcas e patentes.

Balanço Patrimonial
É a demonstração contábil da posição patrimonial: relatório dos ativos, obrigações e capital social da empresa em determinado momento. Apresenta o que a empresa tem e o que ela deve, ou seja, seus bens, direitos e obrigações.

Clientes/Recebíveis
Valores devidos por clientes.

Conceito de competência
As despesas são reconhecidas e apropriadas ao período quando efetuadas (despesas incorridas), e não quando pagas; e as receitas, quando auferidas, não quando recebidas.

Consignações
Bens e serviços recebidos ainda não faturados pelo fornecedor.

Continuidade
A suposição de que o negócio continuará, permanecerá em atividade por prazo indeterminado.

Demonstração do resultado do exercício (DRE)
Demonstra as receitas, custos, despesas e lucros (ou prejuízos) da empresa em dado período.

Demonstração dos fluxos de caixa
Demonstra como a empresa gerou e como consumiu disponibilidades (caixa e equivalentes-caixa) em atividades operacionais, de investimento e de financiamento em dado período de tempo.

Demonstração das mutações do patrimônio líquido
Expressa as mudanças e movimentações nos lucros acumulados, capital social e no patrimônio líquido da empresa como um todo em dado período de tempo.

Depreciação/amortização
Uma forma de medir o quanto os ativos se desgastam, diluindo seu valor ao longo do tempo. A depreciação se refere ao desgaste por desuso, perda de valor ou obsolescência dos ativos tangíveis, enquanto a amortização se refere aos ativos intangíveis.

Despesa
Despesas incorridas para as atividades da empresa que não aumentam o valor dos ativos de longo prazo.

Dispêndios de capital
Dispêndios para aquisição ou aperfeiçoamento de ativos de longo prazo ou não circulantes.

EBITDA
Do inglês *Earnings Before Interest*, Taxes, Depreciation and Amortization – Lucro antes de juros, impostos, depreciação e amortização.

Fornecedores/Contas a pagar
Valores devidos a fornecedores que concederam crédito à empresa.

GAAP
As "práticas contábeis geralmente aceitas" (do inglês *Generally Accepted Accounting Practice*).

Lease Back
A operação de *lease back* é uma espécie de *leasing*, também conhecida como *"leasing* de retorno", que só pode ser realizada entre pessoas jurídicas. Trata-se de um contrato por meio do qual uma empresa efetua

a venda ou a doação de determinado bem móvel ou imóvel para outra empresa, a qual ao adquiri-lo o arrenda. Em outras palavras, o proprietário de um bem vende-o a uma empresa que, ao adquiri-lo, arrenda-o ao antigo proprietário. Essa operação possibilita que a empresa antiga proprietária do bem continue a usufrur dele, porém agora como arrendatária, além de obter capital de giro para suas atividades.

Leasing

A operação de *leasing* é chamada de "arrendamento mercantil" na legislação brasileira e é feita entre dois interessados: o "arrendador" e o "arrendatário". De um lado, um banco ou sociedade de arrendamento mercantil; de outro, o cliente. O contrato tem como objeto a aquisição, por parte do arrendador, de bem escolhido pelo arrendatário para sua utilização. Dessa forma, o arrendador é o proprietário do bem, mas a posse e o usufruto deste do arrendatário durante o período de vigência do contrato. Além disso, o contrato de arrendamento mercantil pode prever ou não a opção de compra, pelo arrendatário, do bem de propriedade do arrendador.

Lucro acumulado/Reserva de lucros

Lucro não distribuído ou não aplicado e que é retido na empresa para uso futuro.

Lucro bruto

Receita menos custo das mercadorias vendidas, produtos vendidos ou serviços prestados.

Lucro líquido

A linha final de lucro (ou prejuízo) do período depois da dedução de todos os custos e despesas.

Lucro operacional

Lucro bruto menos as despesas operacionais.

Margem de contribuição

Receita menos gastos variáveis (custos e despesas variáveis).

Materialidade

Valor acima do qual a omissão ou declaração errada sobre um item afetaria a percepção de um usuário dos relatórios contábeis sendo, portanto, substancial.

Pagamento antecipado
Pagamento de bens e/ou serviços antes de recebê-los.

Provisão
Valor reservado para uma obrigação reconhecida, cujo montante e momento não podem ser precisamente determinados.

Prudência
Princípio de que receitas e lucros devem ser reconhecidos somente quando sua realização for certa e segura. De modo oposto, as obrigações devem ser reconhecidas assim que forem previstas.

Receita/Vendas/Faturamento
De forma genérica, os três termos expressam o valor resultante do preço de venda por unidade × volume vendido.

ROI
"Retorno sobre o investimento" ou "rendimento sobre o investimento" (do inglês Return on Investment). Existem variantes, como o retorno sobre o capital empregado (ROCE, *Return on Capital Employed*) ou a taxa de retorno contábil (ARR, *Accounting Rate of Return*).

TIR/Taxa interna de retorno
Esse método, junto com o VPL, é uma das técnicas mais usuais na análise de investimento e consiste no cálculo da taxa que zera, em certo momento, o valor dos fluxos esperados (entradas e saídas) de um investimento.

Variância
Apesar de ter significado estatístico distinto e profundo, o termo aqui simplificado refere-se à diferença entre os resultados reais e os orçados.

VPL/Valor presente líquido
O método VPL é uma das técnicas mais conhecidas e utilizadas na análise de investimento e nada mais é do que a concentração de todos os valores esperados de um fluxo de caixa (entradas e saídas), na data zero, utilizando a taxa média de atratividade como taxa de desconto. Genericamente, é a diferença entre o valor presente do fluxo das receitas esperadas e o investimento inicial.

Conheça também outros livros da FUNDAMENTO

▶ **QUEM PENSA ENRIQUECE**
Napoleon Hill

Todos querem ficar ricos, mas poucos conseguem. Será que existe segredo para se tornar milionário? Você pode descobrir isso em *Quem pensa enriquece* – um livro que cada vez mais tem ajudado pessoas a se tornarem bem-sucedidas e poderosas!

Nesta obra-prima de Napoleon Hill, você vai conhecer as características de grandes vencedores, como Henry Ford e Theodore Roosevelt, e aprender a usá-las a seu favor. Use a imaginação, a persistência e o planejamento e mude a sua vida para muito melhor.

Editora FUNDAMENTO
www.editorafundamento.com.br